DK秒懂百科

心理学

［英］马库斯·威克斯 著　卢敏　侯冉冉 译

DK Penguin Random House

Original Title: Heads Up Psychology
Copyright © Dorling Kindersley Limited, 2014
A Penguin Random House Company

本书中文简体版专有出版权由Dorling Kindersley Limited授予电子工业出版社，
未经许可，不得以任何方式复制或抄袭本书的任何部分。

版权贸易合同登记号 图字：01-2017-3550

图书在版编目（CIP）数据

DK秒懂百科. 心理学 / (英) 马库斯·威克斯著；
卢敏，侯冉冉译. -- 北京：电子工业出版社，2025.6.
ISBN 978-7-121-50141-8

Ⅰ. Z228.2；B84-49
中国国家版本馆CIP数据核字第2025XW1874号

审图号：GS京（2025）1223号
本书中第30页地图系原文插图

责任编辑：高　爽
印刷：惠州市金宣发智能包装科技有限公司
装订：惠州市金宣发智能包装科技有限公司
出版发行：电子工业出版社
北京市海淀区万寿路 173 信箱　邮编：100036
开本：889×1194　1/16　印张：10　字数：325 千字
版次：2025 年 6 月第 1 版
印次：2025 年 6 月第 1 次印刷
定价：88.00 元

凡所购买电子工业出版社图书有缺损问题，请向购买书店调换。
若书店售缺，请与本社发行部联系，联系及邮购电话：(010) 88254888，88258888。
质量投诉请发邮件至 zlts@phei.com.cn，盗版侵权举报请发邮件至 dbqq@phei.com.cn。
本书咨询联系方式：(010) 88254161 转 1952，gaoshuang@phei.com.cn。

混合产品
纸张 |
支持负责任林业
FSC® C018179

www.dk.com

DK秒懂百科
心理学

[英]马库斯·威克斯 著 卢敏 侯冉冉 译

电子工业出版社

Publishing House of Electronics Industry

北京·BEIJING

目录

你如何成为"你"?

你的大脑都在做什么?

什么是**心理学？**

人类自身及其思想总是充满了无限的可能性，令人着迷。我们越是深入探索，就越能发现其中的神秘与复杂。心理学作为一门科学，致力于研究和分析"是什么造就了我们"。通过探索人类的心理与行为，心理学试图揭开那深藏于我们内心、无穷无尽的奥秘。

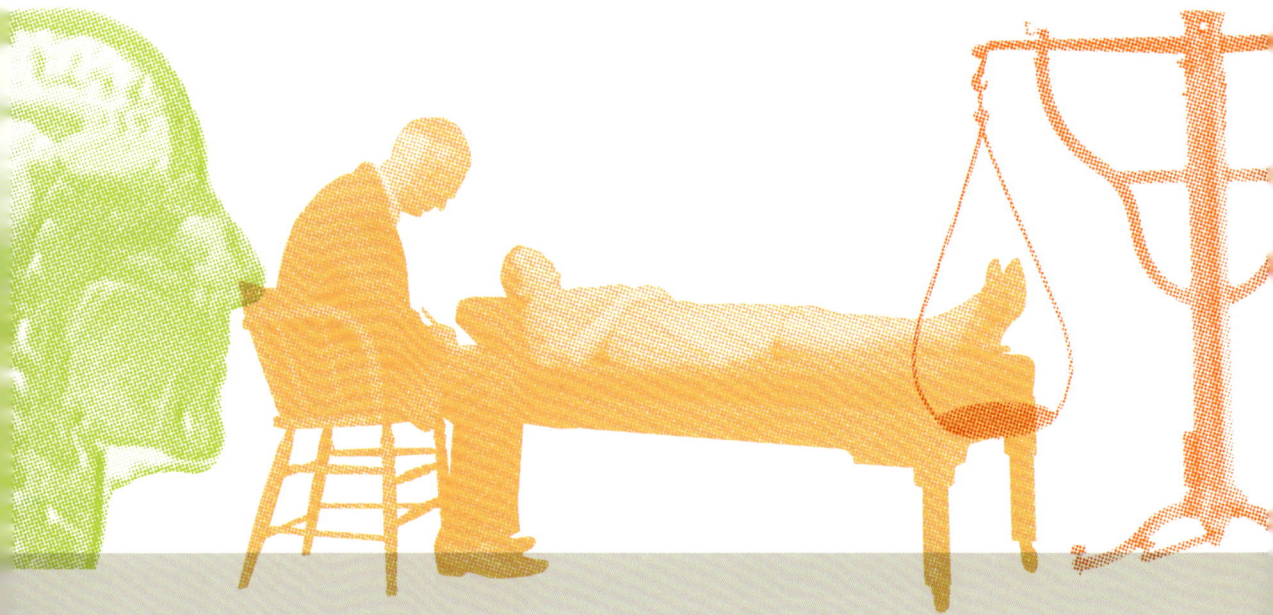

回想一下，上一次你乘坐公交车或火车时，是否留意过周围的人？你是否曾主动与同行的乘客攀谈？如果有，是因为你天生外向，还是当时的情境促成了这次交谈？你是否也曾好奇，自己为什么会做出这样的行为？正是这些看似平常的举动，激发了心理学家的好奇心，驱使他们不断探索人们行为背后的原因。心理学，是对人类行为和心理的研究。那么，什么是心理呢？它其实无处不在，渗透在我们日常生活的点滴中。比如，你可能会说"我不介意"或"我改变了主意"，这些言语背后，正是心理活动的体现。

心理并非物质存在，它与大脑有着本质的区别。它是一个抽象的概念，代表了一系列能力或功能背后的内在机制。我们无法直接看到它，也无法将其拆解以观察其运作方式。心理学家试图通过研究心理可能的运作机制，并观察人们的行为是否与其心理活动相一致，来

揭开其中的奥秘。然而，研究人类本身是一项极具挑战的任务。

你越是试图观察人们的行为，他们的行为就越可能发生变化。尽管如此，我们在理解某些心理过程或概念方面已经取得了显著进展。例如，我们逐渐揭开了记忆形成的奥秘，理解了错误产生的原因，探索了视觉信息的解码过程，并深入研究了人与人交流的机制。

这些进展反过来为我们提供了更多可能性：帮助我们开展更优质的教学，建立更公正的司法系统，制造更安全的机器，更有效地治疗精神疾病，并在许多其他领域取得了显著进步。尽管人们对心理与行为的研究已经持续了大约150年，但这仅仅是一个开始。心理学家每天都在揭示人类行为中令人惊叹的新规律，然而，距离我们完全理解人类的思想，还有很长的路要走。

心理学家
都做些什么？

理论心理学家

社会心理学家

社会心理学家专注于探究个体在群体环境中的行为模式。他们深入研究人际互动、沟通方式、态度形成、友谊维系、爱情关系以及冲突解决等社会现象。

认知心理学家

认知心理学家通过设计严谨的实验，深入探究大脑在信息处理（如记忆形成与提取）和行为决策过程中的内在机制。

生理心理学家

生理心理学家，也被称为神经心理学家，他们运用大脑扫描仪及其他高科技设备深入研究大脑，以揭示行为的生物学基础。

医学心理学家

临床心理学家

临床心理学家通常在医院工作，他们运用多种疗法帮助患者治疗精神疾病，如抑郁症和精神分裂症。

临床神经心理学家

临床神经心理学家运用多种疗法，致力于帮助那些因大脑疾病或损伤而脑功能受损的患者恢复其功能。

应用心理学家

组织心理学家

一个公司如何提升员工的工作效率？组织心理学家在商业领域发挥着重要作用，他们帮助员工在工作中实现更高的效率和更大的成就感。

用户体验研究员/设计师

用户体验研究员与设计师运用心理学研究技术，致力于打造不可或缺、引人入胜且直观易用的网站和应用程序，从而显著提升用户的使用体验。

心理学家的工作领域广泛而多样，其中理论心理学家仅占一小部分。心理学在所有人类行为具有决定作用的领域，如运动、教育、健康和航空等，都发挥着重要作用。此外，心理学家的研究成果也为其他职业领域提供了宝贵的参考和帮助。

进化心理学家致力于探究人类心智在漫长的历史长河中如何逐步演化，以此揭示我们诸多能力（如推理和语言）的起源与进化过程。

进化心理学家

我们如何从依赖他人的婴儿成长为具备多种能力的成人？发展心理学家通过对人类发展的深入研究，揭示了我们在成长过程中如何逐步构建和完善自己的心智。

发展心理学家

教育心理学家专注于探寻最优教学方法。他们通过验证各种教育理论，提出改进教学风格的策略，以提升教育质量和学习效果。

教育心理学家

个体差异心理学家专注于探究导致每个人独特性的因素，包括个性、情绪、智商、自我认同和心理健康等方面。

个体差异心理学家

咨询心理学家运用专业的咨询技巧，协助人们应对并克服生活中的各种挑战，例如亲人离世和人际关系困扰等问题。

咨询心理学家

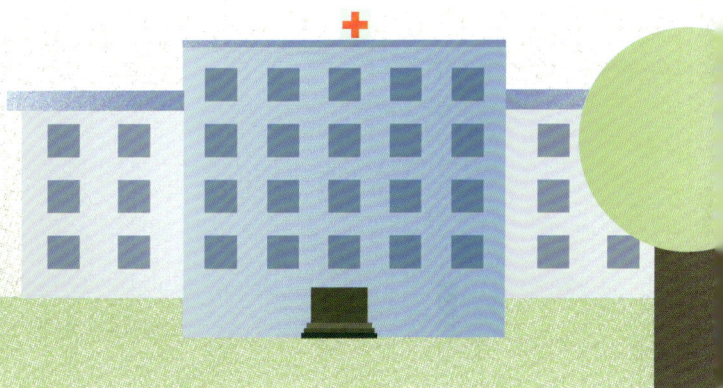

人因学专家主要在交通领域工作，他们通过优化标志、控制装置和交互界面的设计，致力于提升陆空交通的安全性。

人因学专家

许多心理学家在人力资源管理领域工作，他们负责管理员工，协助员工进行职业发展、绩效评估，并帮助他们解决可能遇到的困难。

人力资源管理

研究方法

本书概述了心理学领域的一些重要发现。那么，心理学家是如何得出这些研究成果和理论的呢？多年来，心理学的研究方法虽然日益复杂，但其基本方法依然保持不变。采用正确的研究方法，能让心理学家进行准确可靠的研究，为他们的理论奠定坚实基础。

咖啡因对反应时间的影响

第一组
被试者摄入含有咖啡因的饮料

第二组
被试者摄入不含咖啡因的饮料

是什么让我们追寻那些已不复存在的事物？

?

实验室条件

心理学家在实验室中开展实验时，通常会设计两种或两种以上的控制条件，以测量不同条件下人们行为的差异。例如，一组被试者会得到一杯含有咖啡因的饮料，而另一组则得到一杯不含咖啡因的饮料，以此来检验咖啡因是否会影响被试者的反应时间。通过这种方式，研究者能够推断出不同条件是否会导致行为上的改变。

深入而有意义

心理学家对人类行为背后的意义充满兴趣，并采用定性研究方法来探索那些难以量化的命题。例如，为了深入研究怀旧的本质，心理学家可能会通过访谈和开放式问卷来收集人们的情感体验。随后，他们可以通过分析这些主观材料，得出关于人类行为的结论。

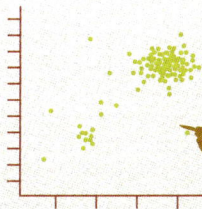

统计分析

心理学中一些最具说服力的证据来自定量研究方法，即基于数值的分析。心理学家设计多样化的测验，来测量和比较人们的心理特征（如个性），并预测他们未来的行为表现。例如，这些数据可以用来绘制图表，直观展示个性特征如何因居住地的不同而变化。定量研究方法的优势在于，它能够精确地揭示人类行为的模式与规律。

在现实世界中

在某些情况下，严格控制的实验或定性研究方法（如访谈）可能无法获得有意义的结果。当研究的行为与环境或情境密切相关时（例如在公共交通中的行为），心理学家会直接进入这些情境，尝试对行为进行系统性分析。研究者必须格外小心，避免引入干扰因素，否则研究结果可能会受到混淆，影响其准确性和可靠性。

你如何成为"你"？

究竟谁需要父母？

你为什么就是长不大？

你能被塑造吗？

你一定要接受教育

生活与学习

你为什么这样做？

你知道什么是对、什么是错吗？

活到老，学到老

发展心理学关注我们一生中的变化及经历的各个阶段，从出生到童年，再到充满波动的青少年时期，直至成年和老年阶段。发展心理学的研究内容包括我们如何获取技能与知识，以及如何学习分辨行为的好坏。

究竟谁需要父母？

在孩提时代，我们需要成年人的关爱，依赖成人提供的食物、温暖和庇护。这些给予关爱的成人（通常是父母）在儿童的心理发展中扮演着至关重要的角色。儿童在早期与父母建立的情感联系，为他们探索和认识世界提供了安全感与支持。

参见：第30~31页

形成重要的联结

20世纪初，生物学家康拉德·洛伦兹（Konrad Lorenz）在研究动物行为时，注意到了雏鹅与母亲之间强烈的纽带关系。他发现，雏鹅会对孵化后看到的第一个移动物体产生依恋——通常情况下是它们的母亲，但也可能是其他"养父

> 婴幼儿时期获得的母爱对心理健康的重要性，正如维生素和蛋白质对身体健康的重要性一样不可或缺。
>
> 约翰·鲍比

母"。洛伦兹意识到，这种行为并非后天习得，而是一种本能现象，他将其称为"印刻（imprinting）"。受此启发，心理学家开始关注新生儿与父母之间的联结，并将其定义为"依恋（attachment）"。依恋研究的先驱之一约翰·鲍比（John Bowlby）观察了长期与父母分离的儿童（包括在第二次世界大战期间和父母走散的儿童）。他发现，这些儿童中的许多人

在后来的生活中出现了智力、社交或情感方面的问题。鲍比得出结论：在生命的前24个月里，儿童迫切需要与至少一名成人看护者（通常是父母，尤其是母亲）建立紧密的联结。依恋与其他关系的不同之处在于，它是一种与特定个体之间强烈且持久的情感联系。一旦这种联系受到干扰，就可能对儿童的长期发展产生深远影响。

陌生人的危险

玛丽·安斯沃斯（Mary Ainsworth）曾在伦敦与鲍比共事，并延续了他的研究。她提出，依恋对象（即婴幼儿所依赖的看护者）为其提供了一个"安全基地"，婴幼儿可以以此为起点，勇敢地探索世界。在她的"陌生情境"实验中，安斯沃斯观察了婴幼儿在面对陌生人时的反应：先是母亲在场，随后母亲离开。实验结果（如图中气球所示）揭示了三种不同类型的依恋关系：安全型

安全型

这些孩子在母亲在场时，往往愿意探索环境并与陌生人互动；但当母亲离开时，他们会感到不安；而当母亲返回时，他们又会表现出明显的喜悦。这种行为模式正是安全型依恋的典型表现。

存在三种类型的依恋关系

（secure）、焦虑-抗拒型（anxious-resistant）和焦虑-回避型（anxious avoidant）。安全型依恋为儿童未来的人际关系奠定了积极的模板；相反地，研究表明，非安全型依恋的儿童在日后往往更难建立稳固的关系。

一个大家庭

尽管鲍比和安斯沃斯强调了母子关系的重要性，但一些心理学家认为，婴幼儿同样可以与他人建立紧密联结，并依然能够健康成长。迈克尔·鲁特（Michael Rutter）的研究表明，婴幼儿可以与父亲、兄弟姐妹、朋友，甚至无生命物体形成强烈的依恋关系。布鲁诺·贝特尔海姆（Bruno Betterlheim）也对母子关系的独特性提出了质疑。在一项关于以色列的基布茨公社（Israeli Kibbutz）的研究中，孩子们在远离家庭住所的集体环境中成长，但他发现这些孩子几乎没有表现出情感困扰的迹象。事实上，这些孩子长大后往往拥有活跃的社交生活和成功的职业生涯。然而，批评者指出，他们在成年后于几乎无法形成亲密的关系。

焦虑-回避型

这些儿童在玩耍时往往会忽略母亲的存在。尽管他们在被独自留下时会感到难过，但陌生人很容易安抚他们的情绪。

焦虑-抗拒型

这些儿童往往会避开陌生人，并且对探索周围环境缺乏兴趣。当与母亲分离时，他们会表现出极度的痛苦；而当母亲返回时，他们又会表现出对母亲的愤怒或抗拒。

患有依恋障碍的儿童通常在社交和情感方面的表现比其实际年龄更为幼稚。

可爱的猴子

心理学家哈利·哈洛（Harry Harlow）通过实验让幼猴接触两种人造"母亲"：一种是用柔软布料包裹的"母亲"，另一种则是裸露着金属线的"母亲"，但后者会通过奶瓶提供食物。尽管幼猴会从金属线"母亲"那里获取食物，但它很快就会回到柔软的"母亲"身边寻求安慰。这一实验表明，满足儿童的情感需求与满足其生理需求同样重要。

6~12岁
我们通过学习新技能，逐渐发现自己的长处，从而建立起自信心。

12~18岁
我们开始思考生命的意义以及自己在社会中的位置，从而进一步发展自我认同感。

3~6岁
我们在玩耍时展现出更强的创造力，但同时也学会了不能为所欲为，因为我们的行为会对他人产生影响。

青少年的大脑仍处于发展阶段，这使得他们比成年人更容易表现出冒险倾向。

你为什么就是
长不大？

在人类历史的大部分时间里，儿童往往被视为"缩小版的成年人"，人们认为他们的思维方式与成人无异，只是缺乏相应的知识和经验。直到20世纪，心理学家才逐渐认识到，正如我们的身体会随着年龄增长而发育一样，我们的心智也会经历类似的成长过程。

1~3岁
我们开始通过探索逐渐发展出独立意识和意志力，同时也学会了如何应对失败与反对。

逐渐变得成熟

发展心理学领域的先驱斯坦利·霍尔（G. Stanley Hall）首次提出，我们的心智发展是分阶段进行的：童年、青春期和成年期。他认为，在童年的初步成长之后，我们会经历一段充满波动的青春期，这一时期我们会变得自我意识强烈、敏感且冲动，最终才会成长为所谓的"有教养的"成年人。到了20世纪30年代，瑞士心理学家让·皮亚杰（Jean Piaget）进一步认识到童年早期经历的重要性。他将心理发展划分为四个阶段，并指出所有儿童都会以相同的顺序经历这些阶段。根据他的理论，儿童只有在完成当前阶段的发展任务后，才能顺利进入下一个阶段。皮亚杰特别强调，儿童是通过身体探索世界来完成这一过程的，而不是被动接受教导。他们通过不断地尝试和体验，逐渐积累知识和技能。

0~1岁
我们学会信任父母并从中获得安全感，这种体验构成了自我认同感的基础。

参见：第24~25页、第28~29页、第32~33页

随着年龄的增长，我们会经历不同的发展阶段……

18~35岁

我们不断发展新的亲密关系和友谊，同时经营已有的关系。

欣赏自己

在一项旨在测量儿童自我意识的研究中，研究人员在6~24个月大的婴儿鼻子上悄悄涂上一点化妆品，然后将他们放在镜子前。当被问及"那是谁？"时，年龄较小的婴儿会将镜中的影像误认为是另一个人，而年龄较大的婴儿则能认出自己，并指向自己鼻子上的化妆品。这项研究表明，我们大约在18个月大时开始形成自我意识。

探索世界

在皮亚杰的第一阶段（0~2岁），儿童通过视觉、听觉、触觉、味觉和嗅觉等感官探索周围的世界，并逐渐学会控制自己的身体动作。在这一"感知运动阶段"，他们开始意识到物体和他人的存在，但只能从自己的视角看待一切，无法理解他人可能有不同的观点。在第二阶段，即"前运算阶段"（2~7岁），儿

儿童的心智从根本上不同于成人的心智。

让·皮亚杰

童掌握了新的技能，例如根据高度或颜色移动和排列物体的能力。同时，他们也开始意识到他人拥有自己的思想和感受。在第三阶段，即"具体运算阶段"（7~11岁），儿童能够进行更多的逻辑运算，但这些运算仅限于具体物体。例如，他们明白，如果将液体从一个矮而宽的杯子倒入一个高而细的杯子，液体的总量并不会改变。直到第四阶段，即"形式运算阶段"（11岁及以上），儿童才超越了具体思维的局限，开始能够思考抽象概念，如爱、恐惧、内疚、嫉妒以及是非对错等。

人生的得与失

皮亚杰关于儿童心理发展阶段的观点在心理学和教育领域产生了深远影响。然而，一些心理学家认为，我们的心理发展并不会随着我们的长大成人而终结，而是伴随我们一生。20世纪50年代，埃里克·埃里克森（Erik Erikson）提出从婴儿到老年的八个明确的心理发展阶段。他将这一过程描述为一种"基本蓝图"，其中每个阶段都由我们生活中积极与消极方面的冲突所定义——无论是在学校、工作中，还是在与家人和朋友的关系中。例如，在3~6岁时，我们面临主动性与内疚感的冲突：我们开始按照自己的意愿行事，但如果行为对他人造成影响，可能会感到内疚。在18~35岁时，我们面临亲密与孤独的冲突：我们可能会建立亲密关系，但如果这些关系失败，便会感到孤独。到了最后一个阶段，如果我们能够顺利经历前面阶段的积极方面，便有望感受到一种深刻的成就感。

35~65岁

我们逐渐安定下来，并体验到一种因养育子女或职业发展带来的成就感。

65岁

我们从一生所获得的成就中感受到满足。

你能被**塑造**吗？

我们倾向于认为自己能够完全掌控自己的行为以及生活中的选择。然而，我们的行为在一定程度上是由过去的经历以及我们对这些经历的反应所塑造的。一些心理学家认为，塑造人们的行为，甚至训练他们完成特定任务，都是有可能实现的。

职业选择 ➡

约翰·华生认为，所有婴儿出生时如同一张白纸，但通过条件反射，可以塑造任何婴儿的人生轨迹，甚至决定他们未来的职业走向。

老师

任何人都可以通过训练掌握任何技能。

足球运动员

刺激与反应

最早发现动物能够被刺激以特定方式作出反应的并非心理学家，而是一位俄国生理学家。伊万·巴甫洛夫（Ivan Pavlov）原本正在进行一项实验，旨在测量狗在进食时分泌的唾液量。然而，他注意到，当狗预感到食物即将到来时，会提前开始流口水。这一现象引起了他的兴趣，于是他进一步深入研究：每次提供食物时，都会伴随一个信号，例如摇铃。他发现，狗很快就学会了将铃声与食物联系起来。一段时间后，即使没有食物，狗在听到铃声时也会流口水。巴甫洛夫解释，狗已经通过"条件反射"对铃声作出了反应。当狗看到食物时流口水，这是一种自然的、"无条件"的反应；但当它们听到铃声时流口水，则是一种新的、条件反射式的反应。这种刺激与反应的模式被称为"经典条件反射"。

我们生来如同一张白纸

一群被称为行为主义者的心理学家在巴甫洛夫经典条件反射理论的基础上，进一步解释了人类行为的成因。约翰·华生（John B.Watson）提出，儿童如同一张白纸——他们出生时一无所知，但可以通过经典条件反射学习任何事情。他认为，人类的恐惧、愤怒和爱等情绪是行为的关键驱动力。华生通过实验表明，我们可以像巴甫洛夫的狗对刺激产生生理反应一样，被条件反射以在特定刺激下产生某种情绪反应（见下文的

小艾伯特实验）。然而，华生在人类身上使用条件反射的做法引发了巨大争议。后来的心理学家更倾向于避免在人类受试者，尤其是儿童身上进行类似的实验。

试错法

其他行为主义心理学家继续通过动物实验进行研究，认为从动物行为中得出的结论同样适用于人类。爱德华·桑代克（Edward Thorndike）设计了一系列实验，展示了猫是如何学习解决问题的。他将一只饥饿的猫放入"迷箱"中，猫必须学会使用按钮或杠杆等机制来打开箱子，从而逃脱并获得食物。桑代克观察到，猫通过试错法找到正确的机制，并逐渐忽略那些不成功的行为。他得出结论：动物（包括人类）通过建立行为与结果之间的联系来学习；成功或奖励会强化这种联系，而重复动作则会进一步巩固它。埃德温·格斯里（Edwin Guthrie）也研究了迷箱中的动物，并赞同动物学会了将动作与奖励联系起来这一结论。然而，与桑代克不同的是，格斯里认为，学习的强化并不需要依赖动作的重复。他用一只发现食物来源的老鼠来解释这一点："一旦老鼠发现了我们的粮袋，它一定会再次光顾。"

> # 给我一打健康的婴儿，我保证随机挑选一个，都可以训练他成为**任何一种专家**。
>
> 约翰·华生

参见：第 26~27 页，第 28~29 页 →

许多驯狗师沿袭伊万·巴甫洛夫的研究，利用经典条件反射的原理来训练他们的宠物。

医生

小艾伯特实验

约翰·华生对一名9个月大的婴儿"小艾伯特"进行了一系列颇具争议的实验。他让小艾伯特将一只白鼠（以及其他白色毛茸茸的物体）的出现与巨大的噪音联系起来。结果，小艾伯特形成了条件反射，对任何白色毛茸茸的东西都产生了恐惧。如今，这种在人体上进行的实验被认为是不道德的，因为它可能导致长期的心理创伤。

你一定要
接受教育

玩彩色积木可以帮助儿童学习几何知识和培养空间意识。

一般从传统角度来说，学习只被视为简单的记忆信息。然而，随着心理学家深入研究我们的学习方式，教育观念发生了转变。他们发现，死记硬背或机械重复并非最佳方法——我们不仅需要学习内容，更需要掌握有效的学习方法。

记得更牢

心理学家对我们如何学习以及记忆的工作原理充满兴趣。19世纪，心理学先驱赫尔曼·艾宾浩斯（Hermann Ebbinghaus）通过研究发现，我们花在记忆某件事上的时间越多、频率越高，记忆效果就越好。这验证了一个观点：为了掌握某样东西，我们需要努力学习并经常复习。一个世纪后，行为主义心理学家提出，我们通过经验学习，并且在完成某件事并获得奖励时，会记住并能够重复这一行为。包括爱德华·桑代克和斯金纳（B. F. Skinner）在内的行为主义者还强调了重复对强化学习的重要性——通过复习来巩固所学内容。然而，与艾宾浩

斯不同的是，斯金纳认为，每次成功的重复都应伴随某种奖励。他甚至发明了一种"教学机器"，该机器会对学生的正确答案给予表扬形式的反馈，并会要求他们重复回答错误的问题。

理解是学习的关键

然而，即使是艾宾浩斯也意识到，仅仅依靠重复并不能彻底掌握某样东西。他发现，如果事物对我们具有某种意义或重要性，我们就能更好地记住它。后来的心理学家重新审视了这一观点，并从大脑在学习时的活动角度进行探讨，而不仅仅关注如何让记忆更加牢固。由于艾宾浩斯已经证实，有意义的

提出具有挑战性问题的艺术，与给出清晰答案的艺术同等重要。

杰罗姆·布鲁纳

EDUCATION

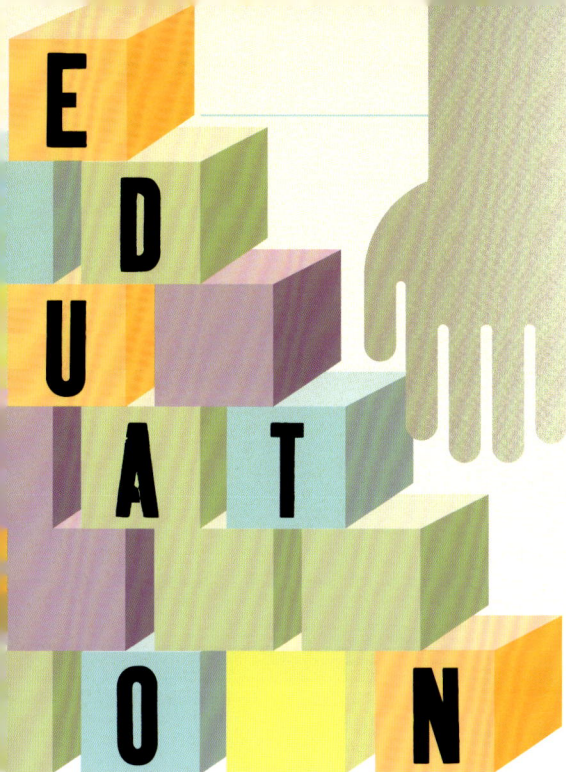

实践经验学得最好。

参见：第16~17 页、第56~59 页

动手实践学习

在教育方面，不同年龄段的儿童有着不同的需求。让·皮亚杰特别强调了实践经验的重要性——例如通过实验或制作模型来学习。

躲猫猫

根据让·皮亚杰的理论，儿童只能学习符合其当前发展阶段的内容。在一项研究中，皮亚杰向一个儿童展示了一个玩具，然后在儿童的注视下将其藏在布下。他发现，八个月以上的儿童知道要去布下寻找玩具，但八个月以下的婴儿则无法理解玩具虽然看不见了，但依然存在。

事物更容易被记住，心理学家开始相信，我们是通过理解事物来学习的。沃尔夫冈·苛勒（Wolfgang Köhler）提出，在尝试解决问题时，我们会深入了解现象背后的机制。爱德华·托尔曼（Edward Tolman）进一步发展了这一观点，认为每个人都会从所学的概念中构建出一幅关于世界的心理"地图"。杰罗姆·布鲁纳（Jerome Bruner）将这些观点与他提出的"将心理视为一台信息处理器"的概念相结合，指出学习不仅仅是把信息存入记忆，更是一个思考和推理的过程。要真正掌握某样东西，我们首先需要理解它。

通过实践进行学习

让·皮亚杰则从另一个角度阐述了关于学习的观点。他通过将儿童心理发展划分为不同的阶段来解释这个问题。他认为，儿童的学习是一个不断适应每个阶段局限性的过程。他将行为主义理论（儿童通过试错学习，尤其是在早期阶段）与认知理论（我们通过理解事物来学习）相结合。但最重要的是，他强调教育应以儿童为中心——适应儿童的个体需求和能力，并鼓励儿童在探索和理解世界的过

教育的目的是培养能够创造新事物的人。

让·皮亚杰

程中发挥想象力。在早期阶段，这种学习表现为我们所说的"游戏"（尽管从孩子的角度来看，这是一项非常严肃的活动）。随着儿童年龄的增长，通过动手实践的方式学习往往比通过对老师或书本传授内容的死记硬背更为有效。

人物传记：

伊万·巴甫洛夫

1849—1936

伊万·巴甫洛夫出生于俄罗斯梁赞，最初追随父亲的脚步学习神学，期望成为一名牧师。然而，他后来放弃了神学学业，前往圣彼得堡学习科学和外科医学。随后他成为军事医学科学院的教授，并担任实验医学研究所的所长。尽管他最为人熟知的身份是一位杰出的生理学家，但他的研究为行为主义心理学奠定了基础。

狗狗的晚餐

巴甫洛夫因经典条件反射实验而闻名。他注意到，狗在看到食物时会流口水——他将这种现象称为对"无条件刺激"的"无条件反应"。如果每次喂食时都伴随摇铃，狗最终会在听到铃声时便开始流口水。这种通过特定刺激引发特定反应的过程被称为"经典条件反射"。

逆转反应

在后续的实验中，巴甫洛夫证明了条件反射是可逆的。例如，那些被训练成听到铃声就流口水的狗，如果在铃声响起时没有食物出现，最终会"消除"这种反应。他还发现，如果刺激与惩罚（如电击）而非奖励相关联，动物也可以被训练成对这种刺激产生恐惧或焦虑的反应。

"看到美味的食物会让饥饿的人流口水。"

严格控制的条件

心理学家们不仅受到巴甫洛夫发现的启发，也深受他所采用的研究方法的影响。作为一名科学家，巴甫洛夫秉持严谨的科研态度，在严格控制的实验条件下进行他的研究。19世纪末，心理学刚刚作为一门独立学科崭露头角，心理学家们通过借鉴巴甫洛夫系统而严谨的研究方法，为实验心理学这门新兴科学奠定了基础。

巴甫洛夫连续四年获得诺贝尔奖提名，并最终于1904年荣获诺贝尔生理学或医学奖。

发声

在俄国革命期间，沙皇被推翻，苏维埃社会主义共和国联盟（苏联）成立，而巴甫洛夫当时正担任实验医学研究所所长。尽管苏联政府对他评价颇高，并持续资助他的研究，但巴甫洛夫对共产主义政权深恶痛绝。他毫不掩饰自己的批评态度，多次致信苏联领导人，抗议其对俄国知识分子的迫害。

生活与学习

是

我们通过自主探索和发现来学习，父母和教师则提供指导和鼓励。

是与否

我们自主学习，但这一过程是在与他人的社交互动中进行的，且需要指导者指导我们如何参与学习过程。

否

我们必须从他人那里学习。我们需要与同龄人及社会互动，并依赖父母和教师的教导。

我们能够自主学习吗？

在过去，父母和老师向孩子传授知识并指导他们如何做某件事似乎是理所当然的。然而，新的观念认为，儿童是通过自主探索来学习的。心理学家们不禁开始思考：我们依靠自身到底可以学到什么程度，以及在学习过程中是否需要他人教导。

是科学家?

让·皮亚杰是最早质疑传统上父母和教师在儿童教育中扮演的角色的人之一。他认为，成人不应试图灌输知识和技能，而应鼓励儿童自主学习。皮亚杰认为，儿童需要通过自主探索和发挥创造力来了解周围的世界。他的核心理论基于"学习是个体化过程"这一观念，即每个孩子都会以自己的方式经历学习过程。他将儿童比作科学家，他们通过实验观察事物如何运作，并通过理解结果来学习原理。这些观点极具影响力，推动了以儿童为中心的教育体系的引入，强调通过实践活动而非被动观察来学习。

> 花时间在绿色户外空间玩耍可能有助于儿童学习创造性技能。

还是学徒?

皮亚杰的理论颇具革命性,但并非所有心理学家都赞同。例如,列夫·维果茨基(Lev Vygotsky)强调了他人在儿童教育中的重要性。他认为,教师仍应发挥指导作用,引导学生学习什么及如何学习,而非让他们完全自主学习。他反对将儿童视为能够独立探索的科学家,他认为儿童更像是从他人那里学习知识和技能的学徒。尽管他承认我们有时会自主发现,但他认为学习是一个互动的过程。我们从父母、老师及更广阔的文化环境中建立价值观和获取知识,并通过与同龄人的互动学习如何运用这些知识。20世纪末,维果茨基思想的复兴推动了从以儿童为中心向以课程为中心的教学转变。

> 锻炼之后,你的身体会释放一种促进大脑吸收信息的化学物质。

指导即教会学生参与到学习过程中去。

杰罗姆·布鲁纳

中,我们必须通过亲身体验来理解事物,而与他人共同完成这一过程会更有帮助。对布鲁纳来说,指导者(父母或教师)的角色至关重要——他们的任务并非告诉或演示孩子们需要知道什么,而是在学习过程中引导他们。如今,大多数教育工作者采用传统教学与实践教学相结合的方式,以达到类似的平衡。

参见:第16~17页、第20~21页

二者融合

皮亚杰和维果茨基提出了看似对立的两种理论,但他们都认为学习是儿童积极参与的过程。这一观点引起了认知心理学家杰罗姆·布鲁纳的共鸣。他赞同皮亚杰的观点,即我们并非通过传统意义上的教导来学习,而是通过探索和发现获得知识。他也赞同学习是每个儿童必须亲身经历的过程。但他也有和维果茨基类似的观点,他认为学习是一个社会化的过程,而非独自进行的。在学习过程

布置家具

在一项实验中,两组儿童被要求将家居物品放入玩具屋的不同房间。一组儿童独自完成任务,另一组则与母亲一起完成。当再次要求他们独自重复该项任务时,第二组儿童比第一组儿童表现出更大的进步。这表明,成年人的鼓励能显著提升儿童的学习效果。

在与他人的交往中,我们塑造了自己。

列夫·维果斯基

你为什么**这样做？**

在成长过程中，我们不仅学习知识和技能，还学习如何在日常生活中表现。一些心理学家认为，儿童的行为是由他人的赞许或批评（如父母和老师）所塑造的；而另一些心理学家则认为，儿童只是简单地模仿他们所观察到的他人的行为。

奖励行为

早期行为主义心理学家，如约翰·华生和爱德华·桑代克的实验表明，包括人类在内，动物可以被训练去做特定的事情，这支持了"行为是刺激和反应或经典条件反射的结果"的观点。后来的行为主义者斯金纳通过老鼠和鸽子的实验证明，动物不仅可以被训练去做特定的事情，还可以被训练不去做某件事。他使用了一种称为"操作性条件反射"的方法，即当它们成功完成一项任务时给予正强化（如食物奖励），而当它们做出一些斯金纳不想训练他们去做的事情时，则给予负强化（如电击惩罚）。斯

人们都会模仿他人的行为——不管是好的还是坏的。

⊘ 沾染坏习惯

阿尔伯特·班杜拉认为，我们通过模仿他人行为来学习。例如，如果儿童听到成年人说脏话，那么他们很可能会重复这些冒犯性词语。

我们在家的时候就开始养成习惯了：大部分儿童看电视的时间和他们的父母一样长。

金纳认为，操作性条件反射可以塑造儿童的行为。例如，通过赞美使他们继续做同样的事情；他也表达了对于惩罚不良行为的担忧，他倾向于更多地使用正强化。尽管操作性条件反射解释了行为是如何被塑造的，但它并未说明为什么某些行为被认为是可取的或不可取的。

行为是由正强化和负强化塑造的。

斯金纳

树立榜样

其他心理学家认为，塑造我们行为的不仅仅是父母、老师和其他看护者的奖惩方式。阿尔伯特·班杜拉（Albert Bandura）提出，儿童通过观察榜样来学习行为。我们注意到他人在不同情境下的行为模式，并假定这些行为是情境中的"规范"。我们会记住这些行为，并在脑海中反复练习，以便在遇到相同情境时知道如何反应。这种通过观察和模仿他人来学习行为的方式，是班杜拉"社会学习理论"的核心思想。

如何习得态度。向两组儿童展示白人玩偶和黑人玩偶后，大多数儿童（无论黑人还是白人）都选择了白人玩偶，这表明他们从社会中习得了"黑人不如白人"的态度——尽管这对黑人儿童来说是一种针对自身的偏见。

参见：第18~19页、第28~29页

形成偏见

社会学习的另一个方面是，我们会从他人那里习得态度。虽然这可以传递文化信仰，但也可能带来负面影响。例如，在许多社会中，社会态度包括种族主义等偏见。1940年，心理学家克拉克夫妇（Kenneth Clark和Mamie Clark）研究了种族隔离下的非裔美国儿童和白人儿童

芭比娃娃

在阿尔伯特·班杜拉的一项实验中，一组儿童观察到成人对芭比娃娃表现出攻击性行为，另一组儿童观察到成人静静地玩娃娃，对照组的儿童则只看到芭比娃娃而没有成人。当这些儿童单独与玩偶在一起时，观察到攻击性行为的儿童也对玩偶表现出暴力行为，而其他组则没有。这证实了班杜拉的观点，即我们通过模仿他人行为来学习。

你知道什么是**对**、什么是**错**吗？

学会区分良好行为与不良行为是个人发展和成熟的关键部分。行为主义者认为，良好行为与不良行为是通过奖励和惩罚来塑造的，但后来的心理学家提出，我们对是非的认知是在不同阶段中逐渐形成的。

> 令人震惊的是，研究表明，60%的人在10分钟的对话中至少会撒谎一次。

道德教育

长期以来，人们认为儿童的道德发展（学会分辨是非）是由教学决定的。行为主义心理学家认为，道德行为可以通过条件性反射来塑造。他们利用刺激和反应的理念，认为良好行为可以通过奖励来强化，不良行为则可以通过惩罚来抑制。然而，其他人指出，大多数人并未因犯下严重罪行而受到惩罚，但他们知道谋杀是错误的。尽管阿尔伯特·班杜拉等心理学家提出，我们通过模仿他人来学习，但玩暴力电子游戏的孩子通常不会表现出暴力行为，因为他们知道这是错误的。

道德发展分为六个阶段。

劳伦斯·科尔伯格

感是分阶段发展的。他认为，儿童对正确与错误、公平与不公平的观念，是通过与同龄人的交往自主发展起来的。在游戏中，儿童制定的规则反映了他们不断发展的正义、平等和互惠观念——这些观念几乎与老师、父母或其他权威人物无关。

在最简单的社交游戏中，我们发现这些规则完全是孩子们自己制定的。

让·皮亚杰

游戏规则

让·皮亚杰的儿童发展研究很大一部分聚焦于道德发展。他访谈了不同年龄段的儿童，询问他们对偷窃、说谎等道德问题的看法，并观察他们一起玩游戏的情景。正如他发现儿童的心理发展是分阶段进行的，他也发现儿童的道德

向正确方向迈进

在皮亚杰的道德发展理论提出约25年后，劳伦斯·科尔伯格（Lawrence Kohlberg）进一步发展了这一观点。他赞同儿童的道德感是分阶段发展的，但他认为权威人物和整个社会的确会对儿童造成影响——道德感并非仅来自儿童自身。他还认为，道德发展会持续到青春期，并遵循六个阶段。在第一阶段，儿童关注避免惩罚；在第二阶段，他们意识到某些行为会得到奖励。在第三阶段，儿童为了被看作是"好孩子"，试图遵照他人的期望（社会规范）去行

对与错 ➜

心理学家认为，我们并非生来就知道什么是对的，什么是错的，而是在成长过程中逐渐获得这些知识。即便如此，好与坏之间的界限也并非泾渭分明。

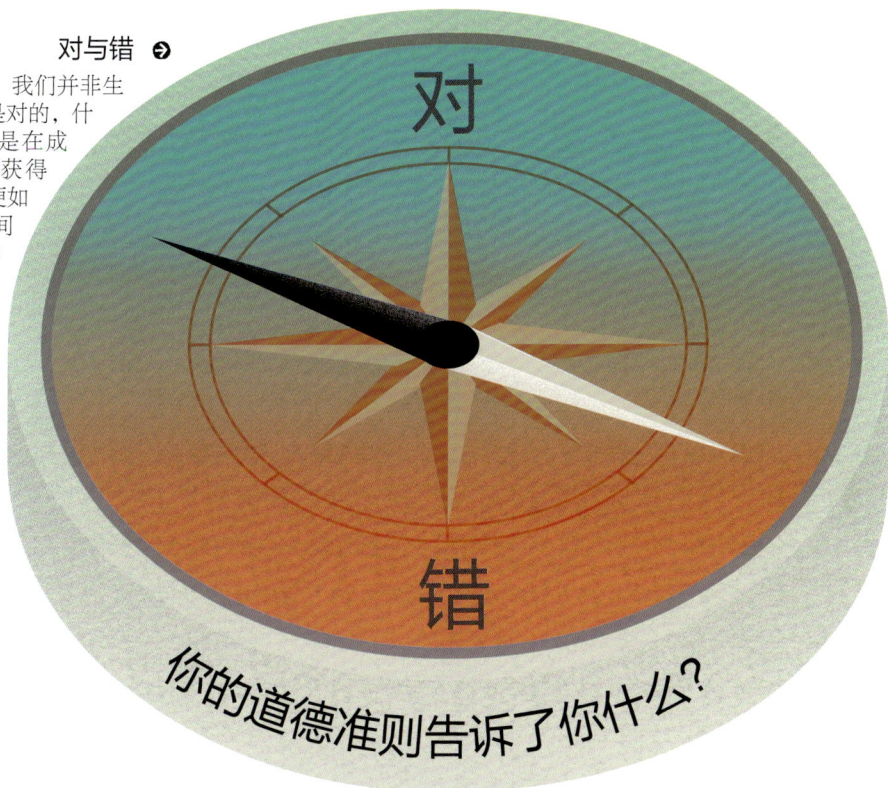

对

错

你的道德准则告诉了你什么?

参见: 第16~17页、第18~19页、第26~27页

事。在第四阶段，儿童认识到权威人物（如父母）制定的行为规则。进入青春期后，儿童开始理解规则和社会规范的原因，以及他们的行为如何影响他人。在最后阶段，他们基于正义、平等和互惠的原则形成道德感。

做出评判

在一项关于道德发展的研究中，孩子们观看了一场木偶戏。一个木偶接到了球，然后又把球传了回去；接着球被传给了另一个木偶，而这个木偶却带着球逃跑了。随后，这些木偶被放在了放满零食的堆上，研究人员要求每个孩子从其中一个堆里拿一份零食。大多数孩子都是从那个"淘气"木偶的零食堆里拿的——还有一个"明辨是非"的一岁孩子甚至还打了那个木偶一下。

人物传记：

玛丽·安斯沃斯

1913—1999

玛丽·安斯沃斯以其在儿童发展领域的研究而著称，尤其是关于母子关系的研究。她出生于俄亥俄州，在加拿大长大，并在多伦多大学学习心理学。1950年，她与丈夫、英国心理学家伦纳德·安斯沃斯（Leonard Ainsworth）移居伦敦，并在塔维斯托克诊所与约翰·鲍比一起工作。1956年，她回到美国，在约翰斯·霍普金斯大学和弗吉尼亚大学任教。

人才招聘

在第二次世界大战期间，玛丽·安斯沃斯在加拿大女子陆军军团服役，并晋升至上尉军衔。在那里，她负责面试士兵，以挑选适合成为军官的人选。这段经历为她提供了在面试技巧、记录保存和结果解释方面的宝贵经验，同时也激发了她对人格发展心理学的兴趣。

在非洲的经历

20世纪50年代，玛丽·安斯沃斯在非洲的乌干达度过了几年时间，研究部落社会中母亲与幼儿之间的关系。在长达九个月的时间里，她定期采访了年龄在一个月到两岁之间的婴儿的母亲。正是在这里，她形成了关于联结和依恋的理念，以及母亲对幼儿需求敏感性的重要性。

她是罗夏测验（Rorschach test）方面的专家，这是一种通过人们在墨迹中发现的图案来评估人格的方法。

陌生情境测验

1969年，玛丽·安斯沃斯进行了一项后来被称为"陌生情境测验"（Strange Situation）的实验，以研究儿童与其母亲之间的不同依恋类型。她观察了一个一岁大的儿童在一个放有玩具的房间里的反应：首先有母亲在场，接着母亲和一个陌生人同时在场，然后母亲离开，孩子单独与陌生人一起，最后母亲返回房间。不同的孩子会根据母子关系的强弱做出不同的反应。

依恋是一种**情感纽带**，将一个人与另一个人在空间上**紧密联系**在一起，并随着时间的推移而**持久存在。**

全职妈妈

玛丽·安斯沃斯强调了儿童与看护者之间形成依恋的重要性，但她并不认为母亲必须为此牺牲自己的事业。她认为，母亲是有可能兼顾工作和育儿的，而不必成为全职妈妈。此外，她还认为需要更多研究来探讨父亲的角色以及父子之间纽带的重要性。

你的主观年龄是指你内心深处所感受到的年龄。大多数人感觉自己比实际年龄要年轻。

你的社会年龄反映了你所喜欢的活动，以及你的观点和态度。

活到老，学到老

随着年龄的增长，我们会经历多个发展阶段。在我们职业生涯的末期，大约65岁左右，我们进入了生命的最后一个阶段（在现代社会，这个阶段可能会持续30年甚至更久）。"老年"经常被认为是一个衰退的阶段，但是人们在这一阶段也可能产生一些新的变化和新的兴趣。

> ## 过去曾经存在，未来将要到来，而我们活在当下。
>
> 罗伯特·卡斯登堡

老年的烦恼

埃里克·埃里克森将老年描述为人生八个发展阶段中的最后一个阶段，认为这是我们放松身心、回顾人生的时光。但自从他在20世纪50年代提出这一观点以来，人们对老年的态度已经发生了变化。现在，许多人远远超过了退休年龄依然健在，因此这一阶段往往被视为进一步发展的时期。遗憾的是，

并不是每个人都有机会在晚年继续发展。身体机能的逐渐衰退可能会阻碍我们继续从事某些活动。一些在晚年经常出现的身体问题也会直接地影响我们的心理。例如，中风会损伤大脑，造成身体和心理上的创伤。还有一些与老年相关的神经退行性疾病（损害大脑或神经系统的疾病），如帕金森病和阿尔茨海默病。

年纪与智慧

步入老年后，虽然我们的体能可能会下降，但心智能力却不一定衰退。爱德华·桑代克认为，除非患神经退行性疾病，我们的记忆力并不会随年龄增长而显著退化。他还提出，老年人几乎能和年轻人一样能有效地继续学习，只是速度较慢。最近的研

年龄可以从多个不同的角度来衡量。

◀ 我的年龄

根据心理学家罗伯特·卡斯登堡的说法，除了实际年龄，我们每个人都有三个不同的年龄。大多数老年人认为自己看起来比实际年龄要老，但内心却感觉自己比实际年龄要年轻。

> 你的生理年龄反映了你觉得自己看起来有几岁，以及你认为别人觉得你看起来有几岁。

> 世界人口正在老龄化：60岁以上人口的比例将在未来50年内翻倍。

参见：第16~17页，第42~43页

充也表明，智力在老年时仍然相对稳定。虽然我们解决新问题的能力可能会减弱，但我们的知识储备和智慧却在不断增加。因此，退休时期是开启新爱好的绝佳时机，尤其是那些需要动脑的活动。这些活动或许无法阻止心智衰退，但已被证明能提高整体生活质量。

心态决定状态

尽管我们往往倾向于将达到一定年龄的人简单地视为"老年人"，但实际上老年也有不同的阶段，而且老年人对自己年龄的态度会影响他们的生活方式。心理学家罗伯特·卡斯登堡（Robert Kastenbaum）使用了一份名为"我的年龄"的问卷来展示年龄可以从多个不同的角度来衡量。除了参与者的实际年龄（即按时间顺序计算的年龄）外，他还询问了参与者认为自己的身体在自己和他人眼中的年龄（生理年龄），自己的活动、思想、观点和态度所对应

的年龄（社会年龄），以及他们在内心深处感觉自己有多大（主观年龄）。不出所料，大多数人认为自己比实际年龄要年轻。

空手道

在德国的一项研究中，一群67岁至93岁的老年人接受了多种形式的训练。一组人只做纯脑力训练，另一组人只做纯体能训练，第三组人学习空手道。几个月后发现，空手道中体能和脑力训练的结合极大地改善了参与者的心理健康和生活质量。

注意谁在讲话

婴儿在出生后几周内就会模仿父母咿呀学语。他们在非常早的阶段就开始识别语言，且更偏爱父母的声音而非其他人的。这解释了为什么父母与婴儿对话是如此重要。

发展心理学家认为，如果儿童能够自由发挥想象力，他们的学习效果最佳。蒙台梭利学校正是基于这一理念，鼓励学生通过动手实践以及与同龄人的讨论来独立学习，而非仅仅依赖教师的讲授。

实践学习

发展心理学
在实际生活中的应用

一些行为主义心理学家认为，对某一行为的偶然强化可能会引发迷信行为。例如，如果你每次穿某双特定的袜子时都能打出全垒打，你可能会开始将穿这双袜子与表现出色联系起来，并在每场比赛中都选择穿它。

迷信行为

年岁渐长，智慧日增

我们确实会随着年龄的增长而变得更加睿智。我们做出明智决策的能力需要很长时间来培养。我们大脑中负责决策的前额叶会一直发育，直到二十多岁。所以，如果你不确定该怎么做，可以向父母或老师寻求建议。

许多儿童手推车制造商开始生产面朝后方设计的手推车，这是基于一项心理学研究的结果，该研究表明亲子沟通在缓解婴儿压力方面的重要性。如果婴儿能看到父母，他们就会感到安全，缓解焦虑。

安全感

不幸福的家

心理学家发现，不良的家庭环境会对儿童的情感发展造成损害，常常导致其学习成绩不佳和反社会行为，这些影响甚至会持续到成年。为了预防青少年未来的犯罪行为，对他们的改造教育应关注他们的家庭生活。

随着年龄的增长，我们的行为和能力也在发生改变。发展心理学家研究了人们发展所经历的阶段和影响发展的因素。他们的研究对人们给予儿童的照料和教育有着巨大的影响，并且通过找到特定行为与早年生活中的问题之间的关联，帮助我们对这些行为做出解释。

不良影响

一些心理学家提出，电影和游戏中的暴力内容会让儿童变得暴力。这一理论并没有得到确实的证据支持，但是对这一问题的关注使人们引入了对电影和游戏的年龄分级（如PG、PG-13和R级），以此作为一种预防措施。

大多数人无法记得三岁以前的事情。这可能是因为我们在这个年龄阶段编码和提取记忆的方式发生了变化。即便如此，这些早年时期——我们与看护者建立亲密关系的时期——对我们的成长至关重要，并且这个时期的经历可能会对我们产生持久的影响。

遥远的记忆

你的**大脑**都在做什么？

你的思维是否等同于你的大脑？

你的大脑里在发生什么？

大脑损伤能够告诉我们什么？

什么是意识？

做梦……

生物心理学（或称生物心理科学）将大脑和神经系统的物理研究（即神经科学）与心理学相结合。生物心理学家利用现代成像技术来观察我们的大脑中的活动，并研究大脑和神经系统的运作如何影响我们的思维、情感和行为。

你的思维是否

许多心理现象都与心智的运作方式——即我们如何思考和行动——密切相关。然而，这些精神活动实际上是在我们的大脑中进行的。20世纪，心理学发展出一个分支，专门研究大脑的生物学属性与行为之间的关系。

哲学的心理学

在神经科学发展之前，大多数人认为心智是与身体分离的。这一观点起源于古希腊哲学家，并一直延续到现代科学和医学兴起之前，甚至在17世纪，哲学家笛卡尔的著作中也有所体现。这些哲学家认为，心智是一种能够进行思考的"灵魂"，而大脑则完全是物理性的，仅作为接收感官信息的器官存在。当心理学首次作为一门科学出现时，人们对大脑的物理运作机制知之甚少，许多早期心理学家都具有哲学背景。因此，心理学在很长一段时间内仅作为研究心理和行为的科学存在，与神经科学——即大脑的生物学研究——完全分离。

我的心智控制着我的思维……

精神大于物质

即使到了今天，仍有一些心理学家认为，大脑的物理构成对于理解心理和行为来说并不重要，任何解释都可以从心智的角度提供。这一观点的支持者之一是美国认知科学家杰瑞·福多（Jerry Fodor）。20世纪80年代，他提出心智是由许多不同的"模块"组成的，每个模块都有自己的功能，例如记忆提取或语言表达。这一想法并非全新：一个世纪前，一种被称为颅相学的伪科学将心智划分为27个专门模块，每个模块都与大脑的特定区域相关联。然而，在福多的模块理论中，心理功能并不与大脑的特定区域直接关联，且模块独立于大脑的生物结构而存在。

> # 心智与身体之间存在着巨大的差异。
>
> 勒内·笛卡尔

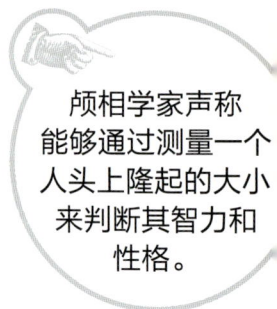

颅相学家声称能够通过测量一个人头上隆起的大小来判断其智力和性格。

等同于你的大脑？

……但我的大脑控制着我的心智。

电图（EEG）可以检测电信号，功能性磁共振成像（fMRI）则能测量大脑不同区域的血流量。这些技术使神经科学家和心理学家能够研究不同行为对应的脑区。他们发现，大脑活动比之前想象的更为复杂，心理功能也并非简单地与特定脑区对应。某些大脑活动模式可能与不同的心理状态相关联，这对"心智是一个独立实体"的观点提出了挑战。即便如此，这种"大脑方法"尚未对行为背后的心理原因提供完整的解释。

大脑的力量

神经科学的进步使科学家能够研究神经系统的结构，并观察大脑不同区域受损时会发生什么。结果发现，大脑的特定区域与特定的心理功能相关联。生理心理学——这种以大脑为中心的研究取向，逐渐取代了以心智为中心的研究取向，帮助科学家探索大脑的物理运作与行为之间的关系。先进的扫描技术使我们能够观察并测量大脑的活动：例如，脑

迷人的扫描

2008年，迪娜·维斯伯格（Deena Weisberg）的一项研究表明，如果心理学现象的解释伴有神经科学信息和功能性磁共振成像（fMRI）图像，非科学人士更有可能相信这些解释，哪怕它们并不合理。这发现引发了人们对在刑事审判中向陪审团展示神经科学证据的担忧。

我们即我们的大脑。

苏珊·格林菲尔德

你的**大脑**里在发生什么？

我们的神经系统由称为神经元的神经细胞组成。这些细胞通过化学信号和电信号相互传递信息，在大脑内部及周围进行通信。现代脑扫描技术使我们能够间接测量和观察这些信号，并揭示它们与心理功能和心理过程之间的关系。

传递信号

19世纪，意大利科学家卡米洛·高尔基（Camillo Golgi）是首批研究神经元的学者之一。他发明了一种细胞染色法，使他能够观察到信号沿神经元的传递路径。圣地亚哥·拉蒙·卡哈尔（Santiago Ramon Cajal）在高尔基的研究基础上进一步发现，神经细胞并非直接相连，而是通过一种称为"突触"的结构相互通信：每个神经元会"发射"电信号或化学信号，从而激活相邻的神经元。信息沿着神经元链传递，在大脑和身体其他部位之间形成通路。感觉（受体）神经元通过神经系统将我们感受到的视觉、听觉、味觉和嗅觉信息传递给大脑，而运动（效应器）神经元则将信息从大脑传递给身体的其他部位，例如肌肉。像酒精这样的药物通过改变突触传递的通信过程来影响大脑。

> **神经元一起放电，就会连在一起。**
> 唐纳德·赫布

> **大脑的神经通路是不断更新的。**

神经通路

除了向大脑发送和接收信号，神经元还在大脑内部形成通信通路。这些连接模式与大脑的不同功能（如思考、运动和语言）相关联。加拿大神经心理学家唐纳德·赫布（Donald Hebb）发现，当我们反复做某件事时，脑细胞之间的通信也会重复，从而加强它们之间的联系。这使得这些细胞在未来更有可能沿相同通路相互通信。通过这种方式，大脑"学习"了与特定活动或心理功能相关的神经连接。赫布将这些大脑活动模式称为"联合"。这些联合有效地存储了大脑执行各种功能所需的信息。它们不仅仅是简单的单一神经元通路，而是由相互连接的神经通路构成的复杂模式。我们同时经历不同事情的次数越多（例如与某个朋友一起看某部电影），这些通路之间的联系就越强，从而使相关想法在我们的思维中相互关联。赫布认为，这正是我们在长期记忆中存储信息的方式。

> 我们大脑中那令人**惊叹**的复杂结构造就了我们**自己**。
>
> 科林·布莱克莫尔

钢琴练习

在一项关于大脑活动的研究中，志愿者被要求每天练习两个小时的钢琴曲目，持续五天。之后，测试显示他们大脑中的神经通路已经"重组"，以便为演奏该曲目时所使用的连接腾出更多空间。另一组参与者被要求不进行实际练习，而只是在脑海中想象排练这首曲目，他们大脑中的神经通路也经历了同样类型的"重组"。

变换轨迹

脑扫描技术已经可以让神经科学家更准确地观察突触传递。神经科学家科林·布莱克莫尔（Colin Blakemore）已经证实，尽管大脑的某些活动模式与不同的功能相对应，但它们并非永久不变，而是在我们的一生中都在发生变化。随着时间的推移，当我们做不同的事情并在不同的环境中经历不同的生活时，神经通路会相应地适应，这一过程被称为神经可塑性或大脑可塑性。神经元会与不同的邻近细胞进行通信，以形成新的通路来应对行为或环境的变化。当大脑受到损伤时，它们甚至可以形成全新的模式来替代现有的模式。

如果将一个人大脑中的所有神经细胞和神经纤维头尾相连，其长度能达到地球和月亮之间距离的两倍。

参见：第46~47页、第64~65页

大脑损伤能够

每一秒，我们的大脑中都有成千上万的信号在神经元之间传递。这种电化学活动的速度在大脑的不同区域会有所加快，这取决于我们正在做什么或想什么。当大脑的某个部分受损时，它可能会以明显的方式影响特定的心理功能。

> **如果大脑的某些部分受损，其他部分可能会接管受损部分的功能。**
>
> 卡尔·拉什利

语言障碍

> 如果有人戳你的大脑，你根本不会有任何感觉——大脑本身感觉不到疼痛。

19世纪中叶，法国医生保尔·布罗卡（Paul Broca）接收了一名绰号为"Tan Tan"的患者，该名患者无法说出"tan"之外的任何词汇。"Tan Tan"去世后，布罗卡对他的大脑进行了解剖。他发现患者大脑额叶的一部分存在畸形，并得出结论，认为这一区域必定与语言的产生有关。几年后，卡尔·韦尼克（Carl Wernicke）发现，大脑另一个区域的损伤会影响理解语言的能力。这些发现标志着大脑研究的一个转折点，表明通过研究受损的大脑，我们可以深入了解大脑的结构及其如何影响行为。

是什么？在哪里发生？

现代扫描技术，如功能性核磁共振成像（fMRI）和计算机断层扫描（CT），使科学家能够观察到人们在做不同事情时大脑的哪些部分处于活跃状态。正如布罗卡和韦尼克发现了与语言相关的脑区一样，神经科学家已经能够"绘制"出大脑的其他区域及其相关联的功能。然而，并非所有心理机能都以这种方式精确定位。例如，长期记忆涉及大脑多个区域的活动。一个著名的案例是癫痫病患者HM，他在1953年接受了部分大脑切除手术。手术成功控制了他的癫痫，但严重损害了他的记忆力——他还记得如何做某些事，但却记不得自己做过什么。科学家对HM进行了深入的研究，直到他于2008年去世。研究发现，他的大脑在手术中受到的损伤比先前认为的更为广泛，因而很难识别出哪些被切除的部分导致了他的记忆问题。另外，大脑损伤产生的影响并非一定是持久的。美国心理学家卡尔·拉什利（Karl Lashley）提出，不仅某些功能涉及多个脑区，而且当这些脑区受损时，大脑的其他区域有可能接替这些脑区的功能。这解释了为什么一些中风患者在失去言语或运动能力后，能够通过训练恢复这些功能。

菲尼亚斯·盖奇

1848年，美国铁路工人菲尼亚斯·盖奇遭遇了一场事故。一根铁杆穿透了他的头部，严重损伤了他的大脑前额叶。盖奇幸存了下来，但他的性格和行为却发生了很大改变。这是第一个启示我们性格等心理机能与大脑的特定区域存在联系的案例。

告诉我们什么?

你的大脑分为两个半球

对其他手术效果的研究同样具有启发性。大脑是由两个不同但相连接的半球组成的——左半球和右半球。罗格·斯佩里（Roger Sperry）发现，将两个半球进行手术分离（即割裂脑实验，一种治疗癫痫的方法）会产生一些有趣的副作用。在研究割裂脑患者的实验中，斯佩里发现，左眼接收到的信息是由大脑右半球来处理的；反之，右眼接收到的信息是由大脑左半球来处理的。他的许多患者无法说出由大脑右半球处理的物体的名称，但能够说出由大脑左半球处理的物体的名称。基于这些研究，斯佩里提出：语言能力是由大脑左半球控制的，而大脑右半球则负责其他功能。

运动前皮层负责控制我们何时以及如何移动身体。

初级运动皮层控制可以让身体运动的肌肉。

感觉联合皮层分析来自初级感觉皮层的信号以识别感觉。

初级感觉皮层接收来自身体表面（如指尖）的信号。

视觉联合皮层通过处理视觉信息使我们能够与周围的环境互动。

前额叶皮层与智力、个性和计划制定及决策有关。

当布罗卡区受损时，我们可能会出现语言障碍，无法正常表达自己的想法。

初级听觉皮层接收来自耳朵的信号，并分辨声音的音量和音调。

韦尼克区让我们能够理解书面语言和口头语言的意义。

听觉联合皮层通过分析从初级听觉皮层传来的信号来识别声音。

初级视觉皮层接收来自眼睛的信号，并识别基本的形状和颜色。

当大脑的某个区域受损时会发生什么?

人物传记：

圣地亚哥·拉蒙·卡哈尔

1852—1934

神经科学先驱之一，圣地亚哥·拉蒙·卡哈尔，出生于西班牙的纳瓦拉。他的童年很叛逆，常因反叛行为惹上麻烦。后来他在萨拉戈萨大学医学院就读，跟随父亲学习解剖学。在军队担任军医职务后，他投身于神经系统结构的研究，他的研究对生物心理学的发展产生了巨大影响。

命名神经元

被称为"神经科学之父"的卡哈尔是第一个对神经细胞（也称为神经元）进行描述的人。他还演示了这些细胞如何相互通信，将信息传递到大脑的各个部分。1906年，他（与卡米洛·高尔基一同）因对脑细胞的研究而获得了诺贝尔生理学或医学奖。

卡哈尔11岁的时候因为用自制的加农炮轰碎了邻居家的大门而入狱。

"**大脑**是一个由众多**未被探索**的**大陆**和广阔**未知的领域**构成的**世界。**"

有天赋的艺术家

从幼年起，卡哈尔就展现出了绘画天赋，这在他后来作为神经科学家的工作中发挥了巨大作用。他在显微摄影和成像技术尚未发明之前就开始研究神经细胞，因此他绘制了数百幅精细复杂的绘图来记录他在显微镜下所观察到的一切。这些绘图至今仍被用作教科书的插图。

探索未知

除了对大脑和神经系统的生理学研究，卡哈尔还对那些无法用科学解释的事物感兴趣，比如催眠术——他曾在妻子分娩时使用催眠术来帮助她。他甚至写了一本关于催眠术和超自然现象的书，但不幸的是，他于西班牙内战期间去世后，这本书便遗失了。

细菌博士

卡哈尔还是一位多产的作家。除了撰写了一百多本关于科学方面的书籍和文章（包括病理学和神经系统），他还以批判西班牙社会和政治的讽刺作品而闻名。1905年，他还以"细菌博士"的笔名出版了一部科幻小说集。

什么是**意识**？

我们都知道有意识是什么样的感觉——即能够意识到自己和周围的世界。我们也熟悉不同的无意识状态，例如睡眠或麻醉状态。然而，心理学家们仍然难以用科学术语来准确定义和解释意识。

意识流

早期的心理学家，包括威廉·冯特（William Wundt）和威廉·詹姆斯（William James），认为心理学的核心目的是描述和解释人们有意识的行为。由于意识是一种个人体验，因此唯一的研究方式是通过内省——观察自己内心的活动。通过这一过程，詹姆斯注意到他的意识在不断变化。他可能在思考或做某一件事时，突然冒出另一个念头；这个念头很快又被一个念头打断，如此往复。然而，詹姆斯也注意到，所有这些不同的体验似乎都汇聚到了一起，从一个念头自然而然地过渡到下一个念头，他把这种现象称为"意识流"。

脑海中关于苹果的意识结合了许多相关的念头。

↑ **苹果的联想**
当我们看到一个苹果时，我们的大脑不仅认出它是一个苹果，还会提醒我们与"苹果"这个词相关的所有事物——从馅饼到高科技。这就是朱利奥·托诺尼所说的有关人类意识的一个例子。

> 我们都知道"意识"的含义，但却无法给其一个明确的定义。
>
> 威廉·詹姆斯

意识的层次

那么，意识到底意味着什么呢？意识意味着我们能够有所感知，或者了解自己正在做的及正在思考的事情。毕竟，"有意识"地做某件事，和不加思考的自动化行为是不同的。或者，意识可能仅仅指醒着的状态，而不是睡着、麻醉或头部受到撞击而失去知觉的状态。像詹姆斯一样，西格蒙德·弗洛伊德（Sigmund Freud）也对意识着迷。与詹姆斯不同的是，弗洛伊德关注的不是对有意识状态的解释，他区分了意识的三个层次：意识（我们所意识到的）、前意识（我们能够让自己意识到的）和潜意识（我们所压抑的）。弗洛伊德对潜意识的定义现在已不再被广泛接受，但意识的不同层级仍然让心理学家们很感兴趣。

科学解答

现代神经科学认为，意识与无意识的界限并不分明——即使是处于昏迷中的人，他的大脑也还是活跃着的。神经科学家们观测了多种意识状态下的大脑活动，帮助生理心理学家使用更科学的解释取代由内省法得出的理论。生物学家弗朗西斯·克里克（Francis Crick）比较了健康的人和长期处于植物人状态的人的大脑活动。他发现，在意识清醒的大脑中，前额叶皮层的活动比在无意识的大脑中更为活跃，并由此推断，前额叶皮层与意识有关。神经科学家朱利奥·托诺尼（Giulio Tononi）最近提出的一个理论，认为意识是我们大脑中不同结构相互连接的结果，它将我们所有感官、记忆和思想的信息联系起来。他用相机拍摄苹果的例子来解释这一理论：相机接收到的图像由许多不同的像素组成，但相机分别处理每个像素，并不能看到整个苹果。相比之下，我们的大脑能够连接这些像素，从而在脑海中形成苹果的图像，并提醒我们与苹果这个概念相关的一切信息。因此，决定我们意识水平的不仅仅是大脑中的活动量，还有其互联的程度。

> 你的快乐与悲伤、记忆与抱负，以及自我认同感和自由意志，不过是大量神经细胞行为的表现。
>
> 弗朗西斯·克里克

> 考虑到它所接收的信号数量和所协调的运动，你的大脑比一台超级计算机还要强大。

参见：第40~41页、第48~49页、第50~51页

人物传记：

维莱亚努尔·拉马钱德兰

1951—

神经科学家维莱亚努尔·拉马钱德兰（Vilayanur Ramachandran）出生于印度的泰米尔纳德邦。他的父亲在联合国工作，因此经常搬家，拉马钱德兰曾在印度的马德拉斯和泰国的曼谷上学。他在马德拉斯学习医学，之后前往英国，在剑桥大学获得博士学位。在定居美国之前，他曾在牛津大学担任研究员。现在他是加利福尼亚大学心理学系教授。

视觉效应

拉马钱德兰采用非传统的方法进行神经科学的研究。相比于最新的成像技术，他更倾向于用实验和观察的手段来探索大脑是如何工作的。他最早的一些研究聚焦于大脑处理视觉信息的方式。他发现了许多视觉效应或视觉错觉，这些有助于人们更深入地理解我们是如何感知所看到的事物的。

丢失的肢体

拉马钱德兰最为人所知的可能是他对"幻肢"现象的研究——即截肢者仍然能感受到已被切除的肢体的感觉。为了帮助缓解这些患者有时感到的不适，他发明了一个镜子箱，通过反射现有肢体的影像来创造出一种错觉，仿佛截肢已被替换。这为患者提供了一种与他们的感觉相关联的视觉影像。

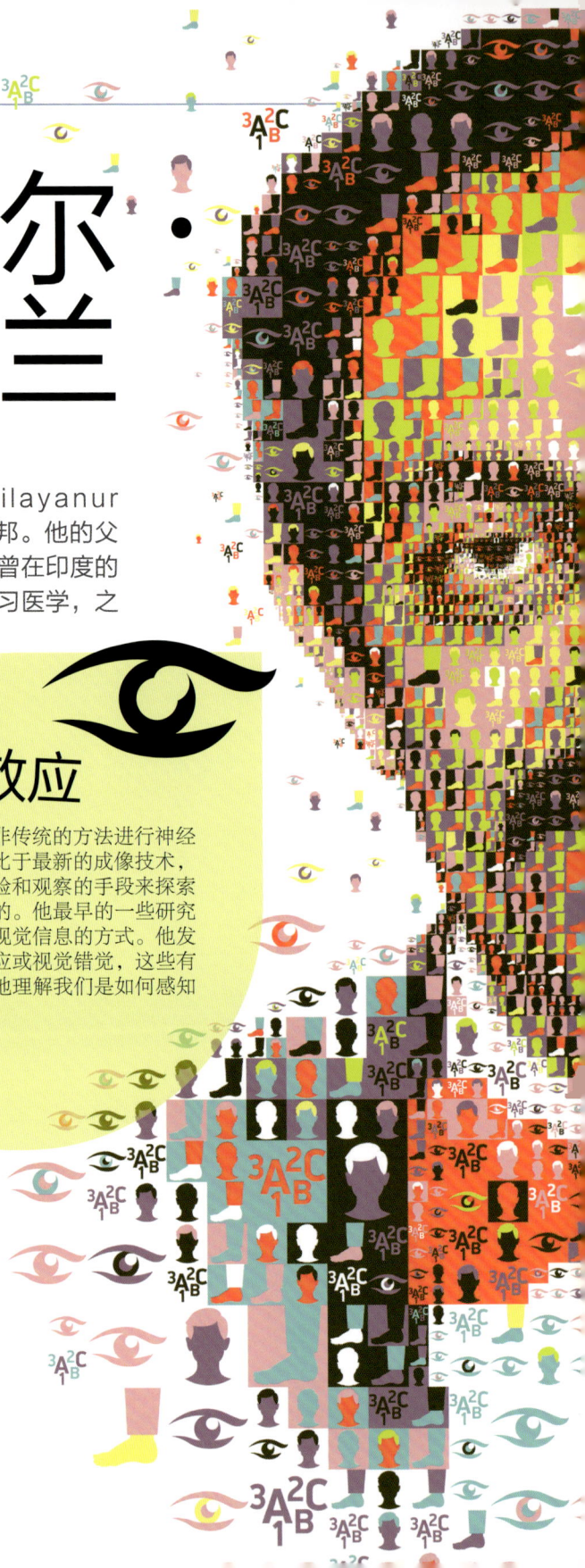

"任何**猿猴**都能摘**香蕉**，但只有**人类**能够摘**星辰**。"

调查 冒充者

拉马钱德兰研究大脑工作方式的方法之一，是研究患有特殊神经综合征的患者。例如，患有卡普格拉妄想症（冒充者综合征）的人坚信自己的某个亲人被冒充者顶替。拉马钱德兰认为，这是因为他们大脑中负责识别面部的区域——颞叶皮层——与负责情感反应的区域断开了连接。

2011年，《时代》杂志将他列为"世界上最具影响力的人"之一。

交叉的电线

有些人可以感受到不同的字母、不同的数字甚至一星期中不同的日子都有不同的颜色甚至个性。这种现象被称为联觉，它是一种自动且不由自主的体验。拉马钱德兰用大脑中通常不相关的区域之间的相互连接来解释这种现象——当一个区域受到传入信息的刺激时，它也触发了另一个区域的反应。

做梦

睡眠是我们日常生活中不可或缺的一部分。没有规律的睡眠，我们就很难正常发挥生理或心理功能。通过研究睡眠中人们的大脑活动，以及观察睡眠模式被打乱时会发生什么，心理学家们开始理解为什么睡眠如此重要。

揭示梦境

弗洛伊德认为，我们会在梦中释放那些生活中所压抑的欲望和恐惧。

打哈欠是会传染的——甚至读到"打哈欠"这个词都能引发人们的打哈欠行为。

睡眠的阶段

有些人认为睡眠只是一个让身体和心灵在工作之后得到复原的机会——当感觉累时，睡上一觉，醒来之后就会精神焕发。但睡眠可能还有其他原因。科学家研究发现，在一个夜晚内，我们会经历四个或五个睡眠周期，每个周期大约持续90分钟。在每个周期中，有四个逐渐加深的睡眠阶段。在前三个非快速眼动阶段（NREM），肌肉放松，大脑活动，呼吸和心率均减慢，但此时我们可能还在辗转反侧。在第四阶段——快速眼动阶段（REM），呼吸和心跳会加速，但肌肉是松弛的，所以在这个阶段我们无法移动身体。尽管眼睛是闭着的，但是眼

> 如果我们的大脑中没有**生物钟**，我们的生活将一片**混乱**，我们的行为也会失去组织性。
>
> 科林·布莱克莫尔

球会快速转动，这一阶段大脑的行为模式几乎如同醒着时一样。这个阶段是我们做梦的阶段。

青少年时差

研究表明，青少年在上午学习效率更低，原因是他们仍需要完成睡眠的最后阶段。神经科学家拉塞尔·福斯特解释说，在10岁到20岁之间，我们的生物钟会发生改变，这可能是受激素变化的影响。这意味着青少年需要比成人晚大约两个小时起床。

做梦的意义

大脑在睡眠时不会"关机"。事实上，在快速眼动阶段（REM），大脑的活跃程度与我们清醒时一样。这似乎表明，睡眠时我们并不是处于无意识状态，而是进入了一种不同的意识状态——做梦——许多心理学家认为这才是睡眠最重要的目的。西格蒙德·弗洛伊德及其追随者认为，梦境使我们能够在心中做出和说出我们在生活中所压抑的事情。把分析梦境看作是进入我们隐藏的潜意识世界的一种方式。其他心理学家则认为，做梦给了我们一个在脑海中对现实生活中的场景进行彩排的机会。例如，科学家安蒂·雷翁索（Antti Revonsuo）的研究

大多数人每晚会做一到两个小时的梦，并且可能会有多达七个梦境。

了解梦境的含义……

战斗或逃跑

雷翁索认为，在梦境中，我们会对现实生活中需要做的事情进行排练——比如逃离危险。

归档系统

我们可能会利用梦境来整理我们的思绪和记忆，为新信息腾出空间。

表明，在快速眼动阶段，控制战斗或逃跑的脑区比平时更加活跃。许多人能够在梦中解决问题，而艺术家也常常受到梦中灵感的启发进行写作、作曲或绘画。另外，我们或许还会利用梦境来整理我们的思想和观点，清理杂念，为新信息腾出空间。

关注你的生物钟

正如我们在睡眠中遵循一定的规律一样，我们体内也有一个生物钟来告诉我们何时需要入睡。尽管我们通常遵循自然界昼夜更替的规律，但睡眠与清醒的节奏也有其独特的模式。通常情况下，我们倾向于保持清醒16个小时，然后睡眠8个小时，但我们也可以适应其他的生活节奏。在一项实验中，

法国洞穴探险家兼科学家米歇尔·西弗尔（Michel Siffre）花了7个月的时间完全置身于地下，对地面上昼夜更替的变化一无所知。他完全依靠自身的生物钟，逐渐形成了25小时为一天的作息规律。另一方面，如果被长时间剥夺睡眠，我们就会感到身体和精神上的不适，并且更容易发生事故。事实上，剥夺睡眠有时被用作一种酷刑，甚至可能导致死亡。现代生活常常打乱自然的睡眠模式，比如时差、夜班或仅仅是因为工作时间的延长。这意味着我们中的大多数人都没有得到足够的睡眠。

参见：第46—47页

创意迸发

音乐家和艺术家会从他们的梦中寻找新作品的灵感，而我们也会在梦中解决问题。

神经元光影秀

你有没有在闭上眼睛准备睡觉时，注意到眼前有细微的光点和色彩闪烁？这是你的神经元在眼睛和大脑之间发送信号。即使你的眼睛是闭着的，这些神经元仍然在传递信息。

磁场

由于神经元通过传递电信号工作，它们可能会被强磁场干扰。生物心理学家利用这一技术研究大脑不同区域的功能。这种干扰可能导致暂时性语言丧失、幻觉，甚至宗教体验。

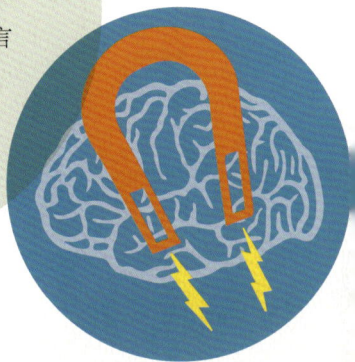

生物心理学

在实际生活中的应用

大脑的巅峰时期

你的父母的大脑比你简单。我们大脑中新的连接数量在大约九岁时达到顶峰，然后逐渐减少，直到二十岁左右才稳定下来。我们的大脑在早年时期更具可塑性——这就是为什么儿童学习新语言比成年人更容易的原因。

仍处于熟睡中

有时人们在睡眠中起床、走动，甚至打扫房间。与普遍观点相反，梦游者并不是在表达他们的梦境或无意识的意愿。生物心理学家已经证明，梦游发生在非快速眼动阶段（NREM），也就是我们没有做梦的时候。

研究发现，青少年的生物钟与成年人不同，对青少年而言，比成人晚起两个小时会更有益。因此一些心理学家认为，学校不应该在早上那么早开课。

生物钟

安全第一

想象一下，把果冻放在一个内部有尖锐边缘的盒子里，然后摇晃它。这就是当你头部受到猛烈撞击时会发生的事情。生物心理学家发现，头部受到严重撞击会对我们的行为和能力产生巨大影响。这一研究结果表明，人们需要制定更严格的法律，勒令骑行的人必须佩戴头盔。

生物心理学将我们的思想、情感和行为与大脑的生理机制联系起来。通过使用大脑扫描技术研究大脑的活动，生物心理学家试图为因大脑异常和损伤而产生的行为提供科学解释。

无法通过

作用于我们大脑的药物必须是由非常小的颗粒组成的，以便能够通过一种叫作血脑屏障的薄膜。科学家们正与生物心理学家一起，试图研制出能与毒品微粒结合的化学物质，使得毒品微粒变大而无法通过血脑屏障，来帮助吸毒者戒毒。

手部

我们的大脑会对他人的身体动作和姿势做出反应。当我们观察到特定的动作时，镜像神经元会被激活，帮助我们模仿动作和学习新技能，比如跳舞或在网球比赛中绝杀一击。这就是为什么我们通过模仿专家的动作学习效果最好的原因。

你的思维是如
何运作的？

什么是知识？

决定，决定，决定

你为什么会有记忆？

记忆是如何被储存的？

不要相信你的记忆

信息超载

谨言慎行

你在自欺欺人吗？

你如何理解这个世界？

不要相信你的眼睛

认知心理学是研究心理过程而非人类行为的学科。认知心理学家探讨我们的大脑如何处理来自感官的信息，例如我们如何理解所看到和听到的内容，以及我们如何学习语言和存储记忆。

什么是知识?

我们所知道的东西——知识——是由我们关于周围世界以及我们如何在其中生活的所学内容构成的。当我们学习某些事情,比如一个事实或如何完成一项任务时,我们会将这些信息储存在记忆中。那些我们已经储存并且能够回忆起来的信息,就是我们所说的知识。

不要拘泥于事实

长期以来,人们认为知识仅仅由事实构成,传统的教学方法侧重于让学生通过不断重复来记忆这些事实。但是,到了20世纪,心理学作为一门科学兴起,关于知识的观念开始发生变化。我们学习的方式和记忆事物的方式成为了心理学家研究的主要分支,这挑战了"知识仅仅是记忆事实"的观念,并为学习者和教师在获取知识中的角色提供了新的视角。即便如此,早期的行为主义心理学家仍然认为知识是一系列事实的集合,这些事实可以通过条件反射来学习。其中一些人,特别是约翰·华生(John B. Watson)认为,几乎任何事情都可以通过这种方式来教授。但是,包括爱德华·桑代克(Edward Thorndike)和斯金纳(B. F. Skinner)在内的一些心理学家意识到,学习不仅仅是从外部世界收集和储存知识,学习者也发挥着作用,他们通过积极探索周围的环境从经验中学习。

如果我们的大脑超载,它往往会停止运转。因此缩短课程时长可能有助于我们更有效地学习。

⬆ 雪球效应

我们获取知识的方式与雪球在覆盖着雪的斜坡上滚落时不断增大的方式相似。我们在收集的信息中寻找意义,这有助于我们更好地记住这些信息。最好的学习方式是自己亲自去体验,而不是仅仅获取事实。

我们需要亲身经历

发展心理学家，如让·皮亚杰（Jean Piaget）和列夫·维果茨基（Lev Vygotsky），进一步验证了这一理念。他们注意到儿童是逐步建立起他们的知识体系的，对各种概念逐渐补充更多细节的同时与其他概念建立联系。这个过程需要儿童积极地并且不断地体验，而不是通过其他方式间接地获取知识。因此，仅仅由老师教授或演示可能并不总是最佳的学习方式。但如果我们被鼓励去亲自参与学习的过程，知识就会更容易被记住（比如亲自做一个蛋糕，一定好过仅仅是读了配方），亲身参与使我们更容易理解那些我们所发现的信息。

理解事物

作为早期心理学家之一，赫尔曼·艾宾浩斯于1885年发现，如果事物对我们有意义，我们便能更好地记住它们。他发现，一首诗比一组随机字母更容易记忆。近年来，认知心理学家杰罗姆·布鲁纳进一步指出，为了学习知识，我们需要理解信息。因此，获取知识不仅涉及感官和记忆，还涉及思考和推理。学习不仅仅是获取知识的手段，更是一个心理过程——在这个过程中，我们为收集到的信息赋予意义，并将其与其他知识联系起来。由于学习是一个持续的过程，我们的知识也在不断变化。

> **知识是学习的过程，而不是结果。**
>
> 杰罗姆·布鲁纳

获取知识是一个持续的过程。

KNOWLEDGE

参见：第16~17页、第24~25页

决定，决定，决定

纵观我们的一生，我们将面临很多艰难的选择。我们要不断地解决问题和做出决定，而这需要我们运用推理能力——思考问题并理解其意义。这种理性思考的过程为我们提供了做出正确决策所需的信息。

> ## 动物先在脑海中解决问题。
>
> 沃尔夫冈·柯勒

难以触及的香蕉

推理，或者说思考问题，是认知心理学家最感兴趣的心理过程之一。但早期的心理学家也研究了我们解决问题的方式。1913年至1920年间，德国心理学家沃尔夫冈·柯勒担任一家研究所的所长，那里生活着一群黑猩猩。他为黑猩猩设置了各种任务，例如拿到放在难以触及的地方的香蕉，并观察它们如何找到解决方法。当黑猩猩意识到无法直接拿到食物时，它们会尝试站在箱子上或使用棍子。柯勒注意到，在尝试了各种方法后，黑猩猩会停下来思考它们所发现的信息。柯勒得出结论，认为黑猩猩在推理什么方法有效、什么方法无效，并认识规律，建立联系，这将帮助它们在未来解决类似的问题。

心智地图

在柯勒观察黑猩猩的推理过程时，相对于心理过程，大多数心理学家对行为更感兴趣。行为主义心理学家认为，我们（以及其他动物）仅仅通过刺激和反应来学习。然而，一些心理学家发现学习方式不止如此。例如，爱德华·托尔曼（Edward Tolman）提出，我们通过试错的过程来探索世界，在这个过程中学习哪些事物会给我们带来奖励，而哪些不会。但我们也会对这些事物进行思考并建立起一个我们周围世界的"心智地图"。然后我们就可以利用这张"地图"来解决问题和做出决策。

非理性决策

理性思考——推理——对于帮助我们理解问题并获得解决问题的洞察力至关重要。它使我们能做出合理的决策，并基于我们的经验证据来选择该做什么。但是以色列心理学家丹尼尔·卡尼曼（Daniel Kahneman）和阿莫斯·特沃斯基（Amos Tversky）提醒我们，理性思考并不总是可靠的。有时我们做出的决定看似理性，但实际上是基于错误的推理，或者是根本未经理性思考的。从过往的经验中，我们建立了一系列适用于各种决策的普遍性"经验法则"。然而，这些准则主要基于有限的个人经验，可能无法提供准确的判断。它们还可能受到个人观点和信仰的影响。尽管这些准则有助于我们更快、更容易地做出决策，而无须详细审查统计证据，但它们往往会导致非理性的决策——即使我们认为它们是理性的。卡尼曼和特沃斯基确定了我们在决策中使用的几种不同类型的错误推理，他们称之为"认知偏差"。认知偏差主要基于个人经验，因

> ## 在看到轮盘上连续多次出现红色后，大多数人会错误地认为接下来该出现黑色了。
>
> 丹尼尔·卡尼曼和阿莫斯·特沃斯基

一夜失眠可能会导致我们做出比平时更加冒险的决定。

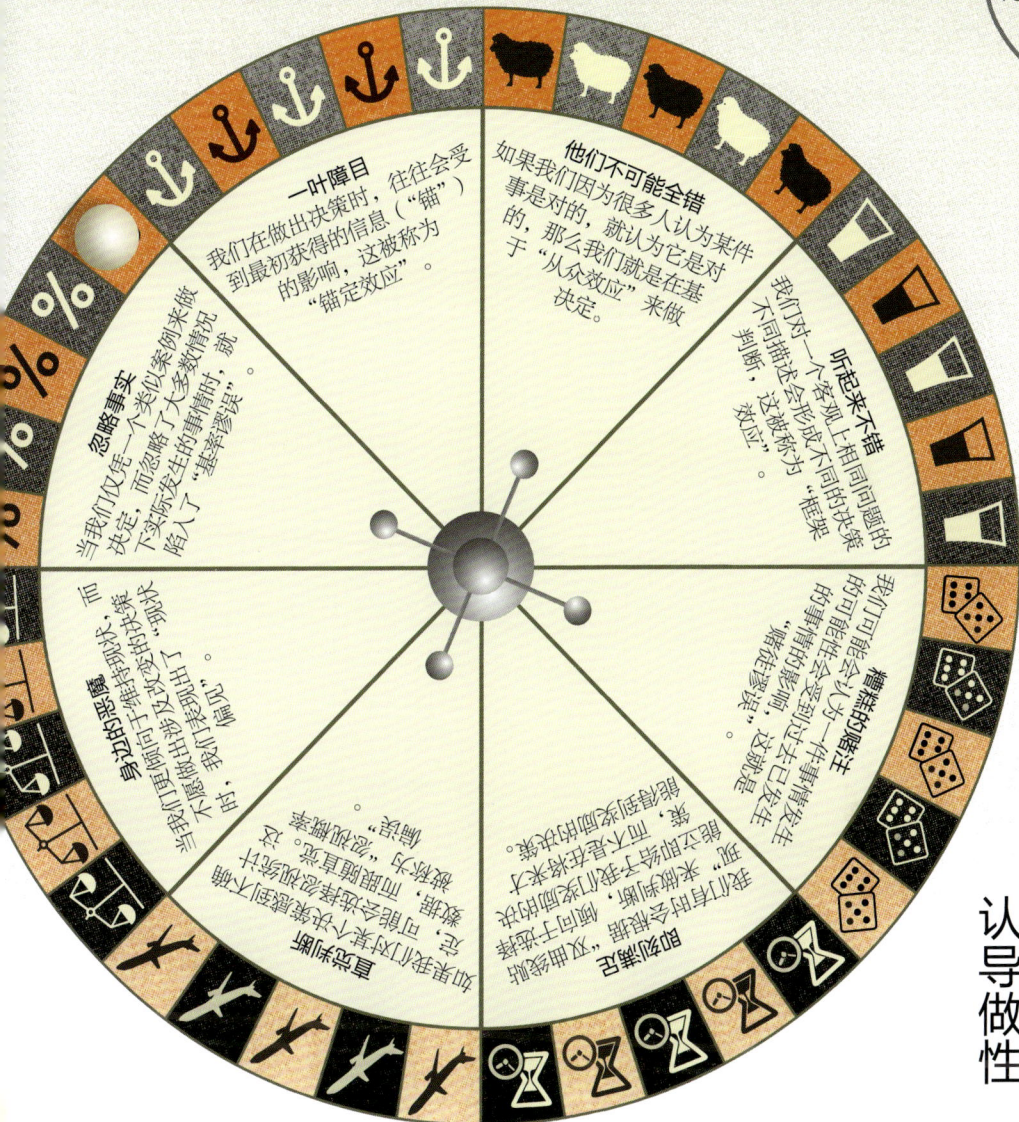

一叶障目
我们在做出决策时，往往会受到最初获得的信息（"锚"）到最初获得的影响，这被称为"锚定效应"。

他们不可能全错
如果我们因为很多人认为某件事是对的，就认为它是对的，那么我们就是在基于"从众效应"来做决定。

听起来不错
我们对一个客观上相同问题的不同描述会形成不同的决策判断，这被称为"框架效应"。

忽略事实
当我们仅凭一个大类似案例来做决定，而忽略了大多数情况下实际发生的事情时，就陷入了"基率谬误"。

身边的恶魔
当我们更倾向于维持现状，而不愿意做出改变时，我们表现出了"现状偏见"。

我们对一些特定的声音或信息会不由自主地产生反应。例如，当我们专心打字时可能听不到身旁咖啡机的声音，却能立刻注意到玻璃破碎声或手机的提示音。

赌徒谬误
如果轮盘赌连续多次出现红色，我们会认为接下来更可能出现黑色，"因为这样才公平"。但实际上，每一次旋转出现红色或黑色的概率都是相同的。

如果我们相信某件事会发生，我们可能会下意识地调整自己的行为，从而使它真的发生，这被称为"自我实现的预言"。

认知偏差
导致我们
做出非理
性决策。

此，由认知偏差导致的非理性决策可能足以满足日常需求。但在做出重要决策时，尤其是在面对新情况时，我们应该意识到这些偏差如何误导我们。了解这些常见的推理错误可以帮助我们避免犯下危险或代价高昂的错误。

会有记忆？

你为什么

当我们在学习时，我们会把信息的表现形式作为记忆储存在大脑中，而当我们回忆时，我们就是在提取这种表现形式。但是回忆并不总是那么容易，我们对某些事物的记忆力会比其他事物更好。通常，我们需要某种线索来触发特定的记忆。

记忆的工作原理

从心理学成为一门科学开始，心理学家们就试图了解人类的记忆。早期心理学家之一赫尔曼·艾宾浩斯发现，即使我们认为自己学会了一件事情，但一天之后我们往往会发现自己已经忘记了有关它的大部分内容。在赫尔曼·艾宾浩斯开创性的实验中，他证明，如果我们花更多时间去学习，就能更好地记住这些内容。他还发现，随机排列的单词或数字列表比对我们有意义的内容更难记

时间和地点
事件和事实的记忆是相互关联的，所以如果我们能记起学习某件事物的地点和时间，就能更容易回忆起来。

被粗鲁地打断
当我们正在做的事情被打断时，我们的大脑往往会停留在那件事情上，并且我们会比那些不再需要我们注意的事情更好地回忆起它。

闪光灯记忆
戏剧性和高度情绪化的事件会被深深地烙印在我们的记忆中，我们能够非常清楚地回忆起这些事情发生时我们正在做什么。

情绪影响记忆
记忆与我们学习某件事物时的感受相关联，我们往往会回忆起与我们当前情绪相匹配的记忆。

为什么你对某些事情的记忆力比其他事情更好？

参见：第64~65页、第66~67页

住，而且我们往往能更好地回忆起一系列事情的开头或结尾，而不是中间部分。后来的心理学家继续研究我们学习的方式和时间如何影响记忆效果。例如，布卢玛·蔡加尼克（Bluma Zeigarnik）注意到，服务员能更好地记住尚未付款的订单的细节，而不是已经完成的订单。出于好奇，她进行了一项实验，让参与者解答一些简单的字谜，然后在这些任务的中间打断他们。随后，这些参与者发现他们更容易回忆起被打断时的字谜的细节。就像服务员的订单一样，如果一项任务没有完成，它就会留在我们的脑海中。

给我一个提示

认知心理学家蔡加尼克将记忆视为一种信息处理系统。恩德尔·图尔文（Endel Tulving）曾提出，我们拥有不同类型的记忆来储存不同类型的信息：事实和知识的记忆、事件和经历的记忆以及如何做事情的记忆。他还将记忆描述为两个独立的过程：将信息存储在长期记忆中（学习）和提取信息（回忆）。他认为这两个过程是相互关联的。例如，如果我们被提醒在将信息存入长期记忆时发生了什么，这将有助于我们回忆起它。这就是某个线索或"记忆提示"如何触发提取信息或唤起记忆的例子。

改变记忆的情绪

我们的情绪也有助于我们回忆起特定的记忆。戈登·鲍尔（Gordon Bower）认为"事件和情绪是一起储存在记忆中的"，我们对事件和经历的记忆与我们

闪光灯记忆由高度情绪化的事件所触发。

罗杰·布朗

的情绪状态尤为相关。因此，当我们快乐时，我们往往会回忆起心情愉快时发生的事情，而当我们难过时，我们往往会记起心情不好时发生的事情。罗杰·布朗将极端依赖于情绪的记忆称为"闪光灯记忆"——这意味着我们往往能够准确地回忆起当某些戏剧性或高度情绪化的事情发生在我们身上时，我们正在做什么，比如听到9·11恐怖袭击的消息，或者朋友或亲戚的去世。

如果你在做梦时被叫醒，你更有可能记住你的梦。

巴德利的多样性实验

在艾伦·巴德利（Alan Baddeleg）设计的一项实验中，一组潜水员被要求记住一组单词。他们在陆地上学习了一些单词，在水下学习了另一些单词。当被要求回忆这些单词时，如果潜水员再次潜入水下，他们会更好地记起在水下学习的单词；如果他们留在陆地上，他们会更好地记起在陆地上学习的单词。这是情境依赖性记忆的一个例子。

人物传记：

伊丽莎白·洛夫特斯

1944—

伊丽莎白·洛夫特斯1944年出生于美国洛杉矶，她原本在加利福尼亚大学学习数学，打算成为一名教师。但在上了心理学课程后，她改变了职业道路，并在斯坦福大学获得了心理学博士学位。她在那时开始对长时记忆感兴趣，这也成为了她职业生涯中一直研究的课题。

车祸

洛夫特斯的早期研究之一，是测试刑事法庭案件中目击者证词的可靠性，以及它是否会受到引导性问题的影响。研究人员问参与者展示了汽车事故的影片片段，然后要求他们估计汽车的速度。当被问及汽车"猛烈撞击"对方的速度有多快时，人们给出的速度估值高于被问及汽车"轻轻碰撞"对方时的速度估值。

错误的记忆

20世纪90年代，乔治·富兰克林（George Franklin）因20年前的一起谋杀案被判有罪，这一判决是基于他的女儿在催眠状态下恢复的记忆。洛夫特斯认为，尽管这位女士十分确信自己的记忆，但那是错误的，是在催眠治疗期间受到暗示而产生的。最终，这一判决被推翻。

"你发誓要说出全部真相，还是你认为自己所记得的所有内容？"

遇见兔八哥

在另一项实验中，洛夫特斯组织了一个"焦点小组"，让去过迪士尼乐园的人观看该乐园的广告。参与者看到了一则提及兔八哥的广告，并且房间里还放了一个该角色的大型纸板剪影。随后，研究人员询问他们是否在迪士尼乐园见过兔八哥。大约三分之一的人表示见过，尽管兔八哥是华纳兄弟电影公司的一个角色，与迪士尼并无关联。

洛夫特斯在250多起法庭案件中就目击者证词的可靠性提供了咨询意见，其中包括歌手迈克尔·杰克逊的审判案。

打破坏习惯

洛夫特斯开始思考植入虚假记忆是否可以用来影响行为，比如饮食习惯。在一项实验中，她引导参与者相信自己小时候曾因吃草莓冰淇淋而生病。一周后，许多参与者都详细"回忆"起了这一事件，并对草莓冰淇淋产生了厌恶感。洛夫特斯认为，这种方法可以用于解决青少年肥胖问题。

记忆是如何被**储存**的?

当我们学习时,信息会作为记忆储存在大脑中——这不仅仅包括知识和事实,还包括我们的所见所闻,所做之事,以及做事情的方法的记忆。为了在我们需要时更容易提取这些记忆,我们的大脑会对它们进行组织并系统地储存。

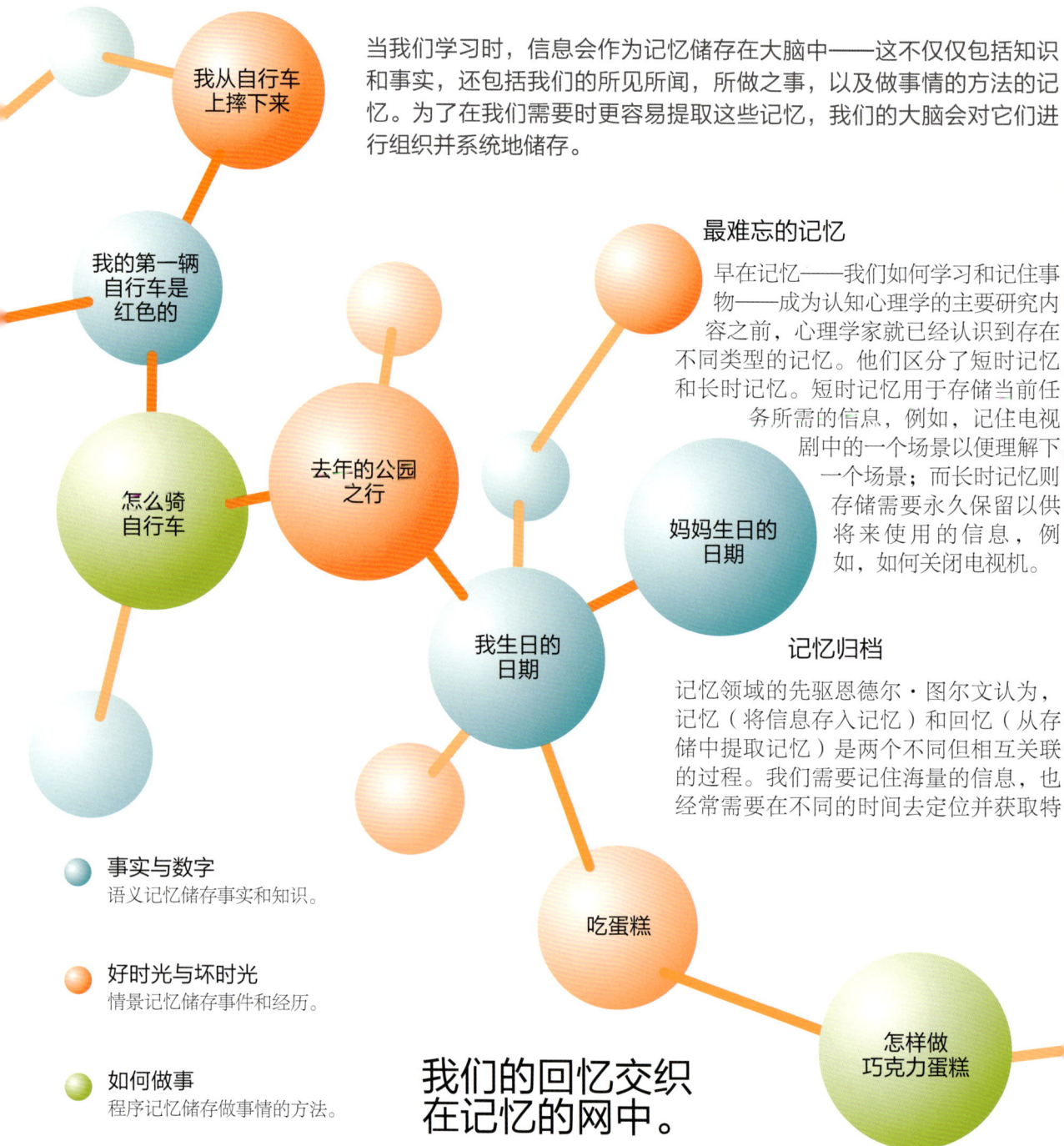

我从自行车上摔下来

我的第一辆自行车是红色的

怎么骑自行车

去年的公园之行

最难忘的记忆

早在记忆——我们如何学习和记住事物——成为认知心理学的主要研究内容之前,心理学家就已经认识到存在不同类型的记忆。他们区分了短时记忆和长时记忆。短时记忆用于存储当前任务所需的信息,例如,记住电视剧中的一个场景以便理解下一个场景;而长时记忆则存储需要永久保留以供将来使用的信息,例如,如何关闭电视机。

妈妈生日的日期

我生日的日期

记忆归档

记忆领域的先驱恩德尔·图尔文认为,记忆(将信息存入记忆)和回忆(从存储中提取记忆)是两个不同但相互关联的过程。我们需要记住海量的信息,也经常需要在不同的时间去定位并获取特

吃蛋糕

怎样做巧克力蛋糕

● **事实与数字**
语义记忆储存事实和知识。

● **好时光与坏时光**
情景记忆储存事件和经历。

● **如何做事**
程序记忆储存做事情的方法。

我们的回忆交织在记忆的网中。

参见：第60～61、第66～67页

回忆是心理的时光旅行。

恩德尔·图尔文

定的记忆。如果信息是随机存储的，那么这几乎不可能实现，所以这些记忆一定是以某种方式进行组织的。图尔文认为我们有三种不同的记忆存储：语义记忆——存储事实和知识；情景记忆——记录事件和经历；程序记忆——提醒我们如何做某件事。每种存储都进一步细分，以使信息更加易于提取。这意味着，我们无须搜索整个记忆来回忆某件事，而是可以告诉大脑在哪个大致区域查找。如果情景记忆的存储按照事件发生的时间和地点来组织，那么我们的大脑就可以通过回到那个特定的时间和地点来回忆。同样的，图尔文认为，语义记忆也会在被整理分类后进行存储。在实验中，他发现参与者试图回想一个随机词语表中的一个词时，他们会通过联想该词的类别来帮助回忆。比如，通过给出如"动物"和"餐具"等提示，可以回忆起如"猫"和"勺子"等单词。后来的心理学家指出，事物可以属于多个类别——例如，单词"苹果"同时可以归入"水果"或"公司"类别。他们认为，记忆是一个互相连通的"网"，而不是分门别类的独立的"列表"。

用我们自己的话来说

英国心理学家弗雷德里克·巴特莱特（Frederic Bartlett）就我们的记忆存储是如何组织的给出了一个略有不同的解释。他让一些学生阅读一个复杂的故事，然后让他们复述。虽然他们能够记住故事的大致情节，但有一些部分他们无法回忆起来。巴特莱特发现，学生们改变了那些与他们自己的经历不符的细节，这样故事对他们来说就更有意义了。因此他得出结论：我们每个人都有一个被他称为"图式"的东西——一系列由我们的经历塑造的想法——它为我们的记忆提供了一个框架。虽然这有助于我们存储一些记忆，但那些与我们个人的"图式"不符的记忆却很难被储存下来。

黑巧克力是几种能改善大脑血流并可能帮助我们形成记忆的"超级食物"之一。

记忆是一种基于我们对过去经历的想象性重构。

弗雷德里克·巴特莱特

不要相信你的记忆

我们的记忆常常会让我们失望。有时,我们确信自己已经把某些事物存进了记忆里,但却就是想不起来,比如某位名人的名字或是考试中一个简单问题的答案。还有些时候,我们明明把事情记错了,但我们仍相信自己记的是正确的。

有限的存储空间

关于记忆的主要问题之一,是我们的大脑要接收大量的信息,而我们的记忆力并没有能力存储我们所经历的一切。即使能够存储,也会被大量的无用信息所充斥,使得我们更难提取需要的内容。因此,我们的大脑会将一些记忆标记为"垃圾",并让一些旧的记忆逐渐淡化。在大多数情况下,这个系统都运转良好,使我们能够存储和回忆最有价值的事实和经历。但有时我们会发现,我们的大脑把我们需要的一些信息存放在了一个难以触及的地方。使得我们无法回忆起我们需要记起的内容,或者只能回忆起部分内容,甚至可能会与其他信息混淆。美国心理学家丹尼尔·夏克特(Daniel Schacter)列出了记忆可能让我们失望的七种不同方式,并将它们称为"记忆的七宗罪"。

话到嘴边却忘了

夏克特认识到,我们记不住某些事情有各种各样的原因。有时,我们清楚自己知道一件事情,但就是想不起来。这可能是因为该信息存储的时间太久远,或者存储的方式不佳,也可能是因为其他记忆妨碍了我们对这件事的回忆——尤其是那种让我们挥之不去的令人烦恼或

> 奇怪的是,
> 嚼口香糖可以提高你的记忆力。

记忆的七宗罪

← 岁月的迷雾
由于记忆的"易逝性",时间久远的记忆可能会逐渐被淡忘。这意味着很久以前的记忆会比最近存储的记忆更难以提取。

心不在焉 →
有时我们因为没有全神贯注,而没有在记忆中妥善存储信息,这就是"心不在焉"导致的。

就在那里,某个地方 →
有时,我们清楚自己知道某件事,但就是回忆不起来。这通常是因为另一个记忆在干扰。我们的记忆中可能存在一些相互冲突或相似的信息,导致我们难以准确回忆起所需的内容。

不安的记忆。然而，很多时候，我们以为自己记得某件事，但实际上我们的大脑把不同的记忆混淆了。即使是对某一事件的生动记忆，也可能与另一个记忆混在一起，使得我们记住的内容与实际发生的情况不同。我们对过去的回忆也受到我们现在思考和感受方式的影响。

扭曲的记忆

我们大多数时候能够相当准确地回忆起某件事，尤其是对我们重要的事情。但我们往往会在细节上出错，比如谁说了什么，或者某件事情发生的地点和时间。伊丽莎白·洛夫特斯的实验表明，尽管我们相信自己的记忆是真实的，但我们对事件的记忆往往是不准确的。引

人们可能会相信从未真正发生过的事情。

伊丽莎白·洛夫特斯

导性问题、情绪和后续事件等因素都会影响我们回忆创伤性事件的方式，比如目睹犯罪或车祸。她的工作对法庭案件中一些目击者证词的有效性提出了质疑。更具争议的是，她还质疑了一些人声称自己在童年时期遭受虐待的"虚假记忆"。

参见：第60~61页、第62~63页、第64~65页

◁ 现在和当时
当我们回想起一段记忆时，我们的观点和情绪可能与存储那段记忆时完全不同。当我们的当前情绪和想法影响回忆时，回忆就有了"偏差"。

◁ 那是谁说的
当信息正确但其来源错误时，回忆就出现了"误植"。例如，我们可能错误地认为自己在新闻上看到了某件事，而实际上我们是听朋友说的。

◁ 引导性问题
回忆的方式会影响我们的记忆。我们可能会改变记忆以符合引发回忆的因素，比如一个引导性问题，或者"暗示性"问题。

难以忘怀 △
有些记忆我们就是无法忘记。所谓"持久性"之过，就是指那些令人痛苦或尴尬的事件不断在脑海中回放。

创伤后应激障碍

对于人们不喜欢的记忆的持久性的极端例子可以在创伤后应激障碍中看到。比如，从战场上回来的士兵经常无法忘记他们曾经的那些可怕的经历。这些记忆时常在他们脑海中萦绕，妨碍了他们关于美好事物的记忆，同时也使他们回归以往的日常生活成为一件困难的事。

信息
超载

在我们清醒的时候，我们的感官不断地从周围的世界中获取信息。有海量的信息供我们观看、聆听、嗅闻和触摸——如此多的信息，使得我们的大脑无法全部接收。因此我们的大脑会选择我们需要关注的信息，并将其余信息过滤掉。

集中注意力

有些任务需要我们处理大量涌入的信息，并分辨出哪些信息是重要的。飞行员就是一个典型的例子，他们不仅要驾驶飞机，还要观察仪表盘上的各种仪表，同时还需要通过耳机听取空中交通管制员和其他机组人员的指令。唐纳德·布罗德本特（Donald Broadbent）是一位在第二次世界大战期间服务于英国皇家空军的心理学家，他研究了飞行员是如何处理所有这些信息的。他设计了一系列实验，让参与者戴上耳机，每只耳朵听到不同的信息。实验要求参与者集中注意力去听其中一组信息，布罗德本特发现，他们并没有注意到另一个声道的内容。由此布罗德本特得出结论：我们一次只能专注于一种声音。当我们通过多个渠道接收信息时，我们的大脑实际上会关闭所有不需要我们关注的渠道，只保留我们需要集中注意力的那一个。

> **我们的大脑**可以被想象成一台同时接收多个频道的**收音机**。
>
> 唐纳德·布罗德本特

专注与屏蔽

布罗德本特关于注意力的研究与信息科学家科林·谢里（Colin Cherry）的研究相似。谢里对我们是如何选择要关注的信息渠道，并将其与其他传入的信息区分开来很感兴趣。他将这比作我们在嘈杂的聚会上只专注于一场对话，并称之为"鸡尾酒会现

我们一次只能听到一个声音。

你在听吗？

在拥挤的房间里，人们往往会将注意力集中在一场对话上，屏蔽掉周围的噪声。但如果我们听到感兴趣的内容，就会迅速转而关注另一场对话。

象"。他发现，我们会"收听"某些特定的内容，比如特定的语调，而我们的大脑则会屏蔽掉被认为是背景噪声的内容。

"多任务处理"实际上只是在不同的任务之间进行切换——我们的大脑在处理这些任务时会进行权衡，每次只处理一项任务。

令人惊讶的是，他还发现，如果另一场对话中有人提到了我们的名字或我们可能感兴趣的事情，我们的大脑就会切换焦点。布罗德本特也注意到了飞行员身上存在类似的效应，当收到紧急信息时，他们会从一个信息渠道切换到另一个。因此，即使我们没有刻意去关注，我们的耳朵仍然在接收被过滤掉的信息中的部分内容，而我们的大脑能够识别出关键信息。

短时记忆一次大约能记住七项内容。

乔治·米勒

意。在一次实验中，他播放了一系列音调，或者呈现一些在屏幕上短暂出现的点。他发现，我们一次只能记住7个信息，并得出结论，短时记忆的容量大约限于7项内容，因此他将7称之为"神奇的数字"。

神奇的数字"7"

布罗德本特提出，所有信息最初都会被存储在短时记忆中，其中只有一个信息渠道会被选中以集中注意力，而其余信息则会被过滤掉，以避免干扰信息处理。乔治·米勒（George Armitage Miller）将短时记忆描述为一个信息处理的场所，尤其是在信息被存储于长时记忆之前。他想知道这种短时记忆能容纳多少信息，而不是检验信息如何被选择和注

被忽视的大猩猩

在一项关于注意力的研究中，参与者观看了一段人们传递篮球的视频，并被要求数出传球次数。大多数参与者专注于数传球次数，以至于没有注意到一个穿着猩猩服装的人直接从场景中央走过。

人物传记：

唐纳德·布罗德本特

1926—1993

唐纳德·布罗德本特是一位极具影响力的心理学家，他通过频繁出现在电视和广播节目中，为心理学知识的普及做出了重要贡献。他出生于英国伯明翰，在第二次世界大战期间中断学业，加入了皇家空军。战后，他在剑桥大学学习心理学，并在该校的应用心理学系任职，于1958年升任该部门主管。1974年，他转至牛津大学继续其学术生涯，直至1991年退休。

一次只能听一个声音

唐纳德·布罗德本特最为人所知的贡献是他在注意力集中领域的研究。基于他在皇家空军的经历，他深刻认识到飞行员和空中交通管制员在处理大量信息时所面临的挑战。为此，他设计了一系列实验，证明人类在同一时间内只能有效处理一个声音信息。

尽管布罗德本特出生于英国，但他始终认为自己是一名威尔士人，因为他童年的大部分时光都在威尔士度过。

"心理学理论的检验在于其实际应用。"

心理学应致力于解决现实问题

作为一名受过专业训练的飞行员和航空工程师，布罗德本特发现，飞行员在操作中遇到的许多问题，例如误读仪表或操作失误，都可以通过心理学原理来解决。他坚信心理学不应局限于理论研究，而应具备实际应用价值。他在剑桥大学新成立的应用心理学系的工作，开创了运用心理学解决实际问题的先河。

大脑是一个信息处理器

布罗德本特认为大脑是一个"信息处理器"，负责接收、存储和提取来自感官的信息。这一观点与第二次世界大战后通信和人工智能领域的研究不谋而合。他始终致力于将理论付诸实践，并与计算机科学家合作，研究人机交互问题，为心理学与技术的结合开辟了新的道路。

停止那些噪声

布罗德本特并未将研究局限于实验室，而是深入工厂和车间，研究噪声、高温和压力对工人的影响。基于这些研究，他提出了改善工作环境和工作方式的建议。这些改进不仅提升了工人的身心健康，还显著提高了工作效率和生产力。

谨言慎行

我们使用口语和书面语交流复杂思想的能力，是人类区别于其他动物的显著特征之一。语言本身极为复杂，然而儿童在生命早期就能至少掌握一种语言，且其学习速度远超其他许多技能。那么，是什么让语言如此特别呢?

参见: 第26~27页、第42~43页

模仿成人

长期以来，人们认为语言学习与其他知识和技能的习得方式并无二致。发展心理学家如让·皮亚杰和阿尔伯特·班杜拉认为，我们使用语言的能力源于对父母及其他成人的模仿。他们指出，儿童通过聆听成人说话并模仿其语言，逐渐

> ## 儿童通过模仿他人学习语言。
>
> 阿尔伯特·班杜拉

理解语言的结构和规则。一旦掌握了语法框架，儿童便能在此基础上不断扩充词汇。行为主义心理学家斯金纳也赞同语言学习源于模仿，但他进一步提出这是一种条件反射——孩子说出单词和句子是一种条件反射行为，而父母的微笑和赞扬则是对这种行为的奖励。

天生的能力

然而，一些心理学家认为，语言与其他技能存在本质区别。早在19世纪60年代，心理学尚未成为一门独立科学时，科学家就已发现大脑中存在与语言相关的特定区域。法国医生保尔·布罗卡（Paul Broca）发现，大脑某一区域的损伤会影响人的说话能力。在此基础上，德国医生和精神病学家卡尔·威尔尼克（Carl Wernicke）发现了另一个与语言理解和表达相关的脑区。这些研究表明，人类大脑中天生具备某种语言能力。

普遍语法

20世纪60年代，认知心理学家和语言学家诺姆·乔姆斯基（Noam Chomsky）提出了一个颇具争议的新观点，解释了人类如何学习语言。他观察到，儿童在很小的时候就能理解句子的含义，并能迅速掌握复杂的语法规则进行表达。尽管没有人专门教授他们语法，但他们似乎天生就具备这种能力。这种现象在所有文化中学习不同语言的儿童身上都普遍存在。乔姆斯基认为，人类学习和使用语言的能力是与生俱来的。他提出，我们的大脑拥有一种特殊的"语言习得装置"，使我们能够理解语言的结构。此

手势交流

一群被送往尼加拉瓜上学的聋哑儿童发展出了一种独特的交流方式。尽管他们从未接受过任何手语教学，却自发创造了自己的手势语言。这种手势语言逐渐演变为一种复杂的语言，其语法规则与口语和书面语相似。这一现象进一步证明，人类天生具备基本的语言能力。

研究表明，女孩通常比男孩更早学会说话，且女孩大脑中的语言区域比男孩约大17%。

外，由于全球儿童都具备这种语法理解能力，因此所有人类语言必然共享一种潜在的共同结构，即"普遍语法"。乔姆斯基关于人类先天和本能的语言能力的观点与此前的语言学习理论大相径庭，并非所有心理学家都认同他的观点。一些人仍然认为，语言能力与其他问题解决能力类似。然而，加拿大认知心理学家史蒂文·平克（Steven Pinker）支持乔姆斯基的观点，他认为语言能力是遗传的，并通过进化而来。

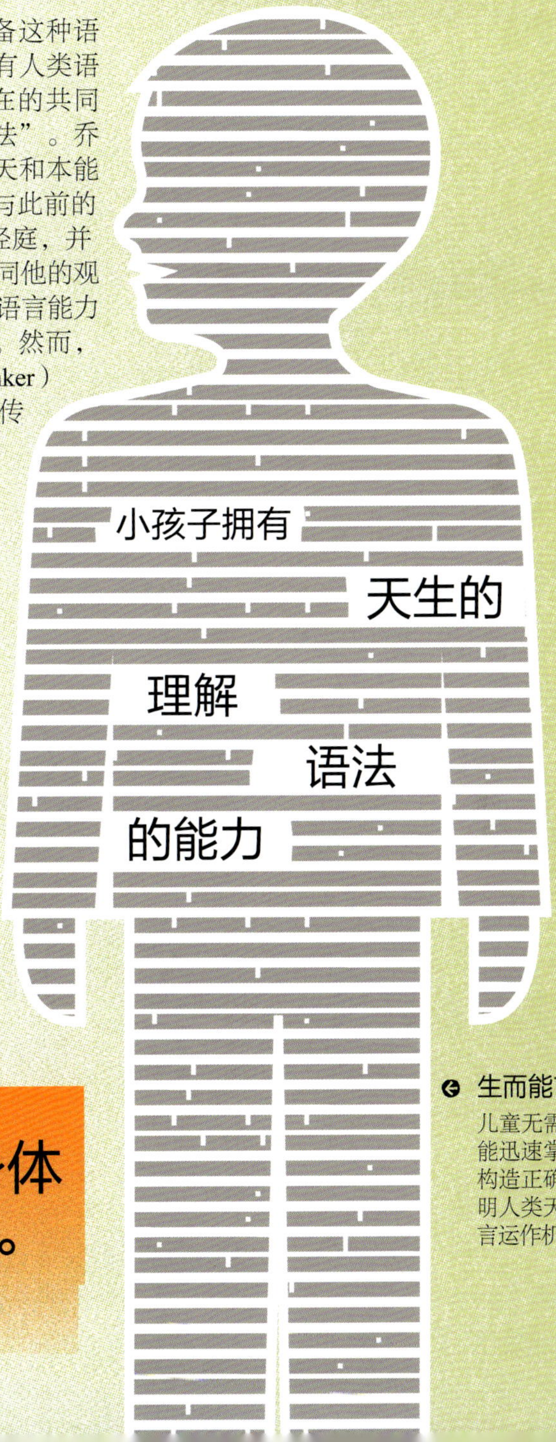

小孩子拥有天生的理解语法的能力

语言器官像其他身体器官一样自然成长。

诺姆·乔姆斯基

◐ 生而能言

儿童无需专门学习，便能迅速掌握语法规则并构造正确的句子。这表明人类天生具备理解语言运作机制的能力。

你在自**欺欺人**吗？

世界将在

~~12月21日~~

2月20日

终结

当人们持有强烈的信念或观点时，往往很难改变他们的想法。即使面对证明自己错误的证据，他们仍会坚持己见，认为自己是对的。我们有时都会陷入这种状态，即使明显错了，也会自欺欺人地认为自己的信念有理有据。

不可动摇的信念

我们的信念对我们至关重要。我们的生活方式基于我们所掌握的知识以及我们认为真实的事物。因此，当有人质疑我们坚信不疑的事情时，我们会感到非常不适。美国心理学家利昂·费斯廷格（Leon Festinger）将这种不适感称为"认知失调"。我们往往不是坦然接受自己的错误，而是更加坚持认为自己是正确的。为了摆脱这种不适感，我们会为自己的信念辩护，并质疑任何与之相矛盾的证据。费斯廷格指出："告诉他你不同意，他就会转身离开。向他展示事实或数据，他就会质疑你的信息来源。诉诸逻辑，他却无法理解你的观点。"为了验证这一理论，费斯廷格和他的同事研究了一个邪教组织的成员。这些成员声称收到了外星人发来的信息，预言世界末日即将到来。在接受采访时，邪教成

固执的信念

如果我们坚信某件事，即使有相关证据表明我们错了，也很难被说服。我们往往不会改变想法，反而会更加坚定地相信，甚至可能会编造出更多的"证据"来证明自己是正确的。

尽管有大量证据表明吸烟有害健康，但吸烟者仍会试图为自己的习惯辩解。

> 一个有信念的人是很难被**改变**的。
>
> 利昂·费斯廷格

员坚信那年12月21日世界将会毁灭。然而，当预言并未实现时，心理学家们再次采访了这些成员。令人惊讶的是，他们并未放弃自己的信念，反而宣称世界之所以幸免于难，是因为他们的坚定信仰拯救了世界。接受自己错了会引发认知失调，因此他们选择强化自己的信念，甚至声称又收到了另一条信息，感谢他们的虔诚信仰。

> **如果我们做了一些让自己感觉很愚蠢的事情，我们会想办法为自己的行为辩解。**
>
> 埃利奥特·阿伦森

多么令人尴尬

费斯廷格观察到，那些为了邪教几乎放弃所有的人——许多人甚至辞去了工作或卖掉了房子——往往是最虔诚的信徒。他得出结论：一个人在某件事情上投入的时间和精力越多，就越有可能为其辩护。在一项实验中，费斯廷格让志愿者完成一系列枯燥乏味的任务。随后，他给一些志愿者奖励了一美元，而给另一些志愿者奖励了二十美元。当被问及任务是否有趣时，得到更多报酬的参与者通常回答"不"，而报酬较少的参与者则更倾向于回答"是"。这是因为后者需要为自己在任务中付出的努力辩解，尽管得到的报酬很少。在另一个类似的实验中，埃利奥特·阿伦森（Elliot Aronson）和贾德森·米尔斯（Judson Mills）发现，如果一项任务包含一定程度令人尴尬的因素，这也会影响一个人的看法。他们邀请女大学生参加一个关于性心理学的讨论小组——学生们认为这将是有趣且吸引人的。一些学生直接被这个小组接收，而另一些学生则被要求参加一个"尴尬测试"，在测试中，他们必须大声朗读一份从书中摘录的淫秽词汇和色情段落，这是一项非常令人羞辱的任务。随后，所有参与者都听到了一段关于动物交配习性的无聊讨论录音，并被告知这就是她们自愿参加的讨论。当被问及讨论是否有趣和令人愉快时，那些经历过尴尬测试的学生给出的评价远高于那些没有经历过尴尬测试的学生。

悬浮的花盆

在一项有趣的实验中，一群人被要求尝试通过集中注意力使一盆花悬浮起来。他们不知道的是，这盆花底部装有电磁铁，因此它能够悬浮于桌面之上。其中一位参与者声称看到花盆下有烟雾缭绕，但另一位参与者——一位科学老师——却否认花盆有任何悬浮的现象。这个实验展示了人们如何通过主观体验来解释超自然现象，即使事实并非如此。

你如何理解这个世界？

我们试图在所见的事物中寻找规律……

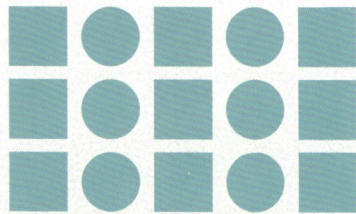

↑ 相似律

我们倾向于将相似的事物归为一组。例如，在上面的图片中，我们看到的不是包含不同形状的三行，而是五列交替出现的正方形和圆形。

↑ 接近律

如果事物彼此靠近，我们往往会将它们视为一个整体来感知。例如，在上面的图片中，我们看到的不是孤立的点，而是两列垂直排列的点以及两行水平排列的点。

我们的感官，尤其是视觉和听觉，负责收集关于周围世界的重要信息。然而，为了使这些信息变得有用，我们的大脑需要对其进行理解。这种从感官信息中组织和解释信息的心理过程被称为"知觉"。

整体不等于部分之和。

沃尔夫冈·柯勒

认识模式

我们所看到和听到的信息中蕴含着大量的内容。我们的大脑会检查这些输入的信息，并尝试通过寻找模型来理解它们，从而辨别出哪些是重要的。例如，当我们看到一个正方形时，我们的大脑不仅仅看到四条线的集合，而是能够识别出这种特定的线条排列方式是一个正方形。同样地，我们能够识别出一段旋律，而不仅仅是听到一系列单独的音符。20世纪初，以沃尔夫冈·柯勒（Wolfgang Köhler）和马克斯·韦特海默（Max Wertheimer）为首的一群心理学家首次注意到，我们的大脑会尝试识别事物是否具有可辨认的模型或"本质"——他们用德语称之为"格式塔"（Gestalt）。

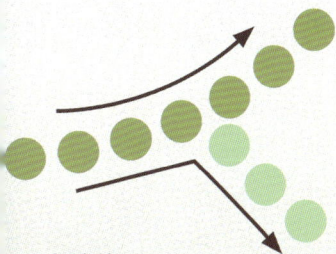

连续律

相较于锯齿状或间断的模式，平滑且连续的模式对我们来说更加明显。在上面的图片中，我们看到的是一条平滑的向上曲线，而不是一条带有角度的折线。

闭合律

对于不完整的形状，我们的大脑会补充缺失的信息，以便将其与背景区分开来。因此，上面的图片可以被看作是一个位于三个圆圈之上的三角形。

遵循规律

格式塔心理学家认为，我们解释感官信息并识别模式的能力是"编码"在我们的大脑中的。他们主张，我们的大脑以规律的方式组织信息，寻找特定类型的模式。我们的知觉——即我们解释感官信息的方式——似乎遵循着某些规律，这些规律构成了格式塔知觉组织定律。不同物体能够以特定方式组合在一起形成不同的东西，这是格式塔心理学中的一个核心理念，它表明我们对整体模式的初步知觉与我们对各个部分的知觉是不同的。

> ## 思维包括理解结构并按照我们所知进行推理。
>
> 马克斯·韦特海默

另一个维度

这种组织输入信息并发现模式的能力帮助我们区分不同的事物。例如，当我们在田野中看到某物并将其识别为牛时，我们就在牛的形象与背景之间做出了区分。即使我们看的是一张田野中牛的二维图片，我们仍然能够识别出形象与背景之间的差异，并利用图像重叠的方式来判断哪些物体离我们近，哪些物体离我们远。此外，我们的大脑会解读图片中的透视模式，并形成对所代表的三维场景的概念——物体越小，它就越远。透视还帮助我们确定事物的移动方向。如果电视上的某个物体正在变大，我们的大脑会识别出它正在向我们靠近；如果它正在变小，我们就会认为它正在远离我们。我们以同样的方式解释真实的三维世界，利用形象、背景和透视来确定物体的相对位置——这对于我们完成实际任务的能力至关重要。

婴儿通过比较他们眼睛所看到的和手所触摸到的，来学习如何识别不同的事物。

参见：78-79页

找出小狗

乍一看，这幅图片似乎只是在浅色背景上随意散布的黑色斑点。但如果你被告知这是一幅斑点狗嗅闻地面的图片，那么你很可能就能从构成背景的斑点中分辨出构成小狗的黑色斑点图案。这展示了我们的大脑如何通过模式识别和背景分离来理解复杂的视觉信息。

不要相信你的**眼睛**

我们的知觉——即我们通过感官感知事物的方式——使我们能够解释我们所看到的、听到的和感觉到的东西。这有助于我们在外部世界中找到方向并完成各种任务，但有时我们的大脑会因为信息模糊或具有误导性而误解这些信息。如果我们的知觉出现错误，那么我们就没有看到世界的真实面貌。

视觉错觉

格式塔心理学家指出，我们的大脑会在来自感官的信息中寻找可识别的模式。然而，有时我们区分模式的能力会让我们失望。我们可能会忽略某个特定的形状或形态，或者我们可能会看到实际上并不存在的模式。一些认知心理学家，包括杰罗姆·布鲁纳和罗杰·谢巴德（Roger Shepard）认为这是因为当我们的大脑组织感官信息时，它会将这些信息与我们的其他经历进行比较。我们试图寻找的不仅仅是任何模式，而是我们所知道或预期的模式。因此，我们的大脑可能会草率地下结论；它会找到它认为认识的东西，但实际上却弄错了。形状和模式如何误导我们的知觉的一个例子是，人们经常声称在奇怪的地方看到了熟悉的图像——例如，在火星表面看到一张脸，或在一片吐司上看到耶稣。这也解释了为什么人们有时会误将不寻常的云层误认为是UFO。

草率下结论

问题不仅在于我们会误解感官传递的信息，有时实际信息本身也是具有误导性的。我们挑选出的模式为我们提供了关于我们所观察事物的组成线索。例如，在一张二维图片中，不同图形的大小以及它们重叠的方式让我们能够判断哪些物体在前面，哪些物体在远处。通常，我们能够正确地理解透视——即三维物体在二维图片中的呈现方式——但有时我们的大脑也会上

侏儒还是巨人？

并非所有的视觉错觉都是二维的。在阿德尔伯特·艾姆斯（Adelbert Ames, Jr.）发明的"艾姆斯房间"中，两个正常身高的人会显得完全不成比例——一个人看起来像是侏儒，而另一个人则像是巨人。为了制造这种视觉错觉，墙壁、天花板和地板都是倾斜的，但是，从某个特定的角度来看，这个房间看起来却是一个规则的立方体。

需求、动机和期望影响知觉。

杰罗姆·布鲁纳

古希腊人并不知道视觉错觉是眼睛的"错误"还是大脑的"错误"。

当受骗。许多视觉错觉，如著名的潘佐错觉和缪勒-莱耶错觉，利用了透视的技巧使我们对物体的大小及物体之间距离的判断出现错误。还有一些错觉，如潘洛斯三角形，使我们的大脑被我们的知觉与我们对世界的体验之间的冲突搞晕了。

直接知觉

如果我们的透视知觉是错误的，那么在尝试接球或骑自行车转弯等活动中，我们可能会做出错误的判断——这对于驾驶快车或驾驶飞机的人来说可能是灾难性的。然而，一些心理学家，尤其是吉布森

知觉是外部引导下的幻觉。

罗杰·谢巴德

（J.J. Gibson），认为我们只有在解释三维世界的二维图像时才会犯这种错误。在真实的三维世界中，我们直接从感官信息中感知物体和事物，而不会通过将它们与过去的经历或预期看到的内容进行比较来理解它们。虽然以往的心理学家将知觉视为两个独立的过程——一个是用感官感知某物是什么的物理过程，另一个是感知其意义的心理过程——但在吉布森看来，那只是直接知觉的单一过程。

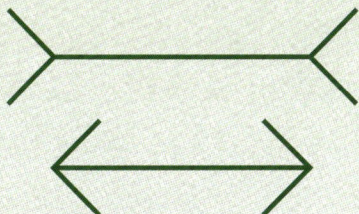

缪勒-莱耶错觉

⬅ 令人困惑的

像潘洛斯三角形这样的视觉错觉是设计出来迷惑我们的感官的。而在缪勒-莱耶错觉和潘佐错觉中，水平线（在潘佐错觉中用橙色标记）的长度实际上是相同的，但我们的知觉却让我们误以为它们不同。

潘洛斯三角形

潘佐错觉

认知心理学

在实际生活中的应用

集中注意力

所谓的多线程任务处理，事实上并不存在——试图同时做一件以上的事会导致我们的注意力分散，表现变差。心理学家参与了飞机驾驶舱的设计，以确保飞行员不会分心。这减少了空难的发生。

开着车前灯

驾驶时人们应该关闭车前灯吗？研究发现，驾驶时应该开着车前灯——即使在明亮的白天，车前灯也会使汽车更容易被其他人看到，从而防止事故发生。

回到事发地

认知心理学家发现，回到曾经学习的环境中时，人们更容易回忆起当时学习的东西。基于这个理论，医院的病人边听音乐边进行运动训练，之后，当他们在家里听这些音乐时将有助于回忆起曾经学习的那些运动技巧。

快速阅读

当你阅读一段文字时，你实际上并没有逐字阅读，这是由于我们的的大脑处理信息的方式。例如，你在上一句话中是否注意到了"的"这个字的重复？我们的大脑经常会忽略类似的错误，所以一定要记得校对你的工作。

研究表明，目击者的陈述可能非常不可靠。在审判中，认知心理学家经常被请来就证人证词的可靠性提供咨询。他们的工作甚至促使法律体系发生了变革——在一些地区，陪审员必须被告知记忆的不完美性，以确保审判的公正性。

在法庭中的应用

眼花缭乱

在第一次世界大战中，英国和美国的海军使用了一种名为"迷惑迷彩"的复杂几何图案来伪装军舰。这些设计的目的不是隐藏军舰，而是扭曲敌人对军舰的距离、方向、大小、形状和速度的感知，从而减少鱼雷攻击造成的损失。

认知心理学家研究我们的心理过程，包括注意力、记忆力、知觉和决策。理解这些日常生活中的心理能力，可以帮助人们改善空中和陆地交通的安全性，改进司法体制，甚至还可以帮助我们更好地记忆与考试相关的重要信息

心理学研究甚至可能会改善你的学习习惯。如果把学习内容分解成小块，我们会记得更牢，因此建议将笔记按清晰的标题分类。我们还可以通过将信息可视化来记住它们——所以在学习时可以试着使用绘图和图表。

韵律的力量

学习小贴士

如果你想让别人相信你，可以尝试用押韵的方式表达。心理学家发现，押韵的谚语比非押韵的版本更容易被听众认为是真实的。这也是广告商经常使用押韵口号来宣传产品的原因。

什么使你
独一无二？

什么使你如此特别？

你是什么样的人？

你觉得自己很聪明吗？

你为什么如此情绪化？

什么使你充满动力？

人的性格会改变吗？

你感觉很沮丧吗？

什么使人上瘾？

什么是正常的？

你疯了吗？

人性本恶？

倾诉是件好事

治疗是解决方案吗？

别担心，开心点！

差异心理学，或称个体心理学，关注的是我们心理构成中因人而异的方面。除了研究性格、智力和情绪等因素，这一心理学分支还涉及精神障碍及其治疗方法。

什么使你如此**特别?**

你的生活环境可能会决定天性与教养在塑造你是谁的过程中哪一个扮演更重要的角色。

我们每个人都有决定我们是谁的不同心理特征。个性、智力、能力和天赋的差异使我们独一无二。但这些特质从何而来？我们是生来如此，还是被成长环境所塑造呢？

> **天性**是一个人带到这个世界上的所有东西；**教养**则是他出生后所有影响他的因素。
>
> 弗朗西斯·高尔顿

我们的性格是由环境塑造的，还是生而如此？

天性与教养

早在心理学成为一门科学之前，哲学家们就争论过人类是生来就拥有对世界的某些知识，还是像"白板"一样通过经验学习一切。关于个体特征是先天形成还是后天塑造的争论，同样存在分歧。19世纪，随着查尔斯·达尔文1859年出版的《物种起源》和格里高利·孟德尔（Gregor Mendel）关于遗传的研究发表，这场辩论进入了科学领域。这些研究表明，至少部分特征——无论是行为还是生理——都是遗传的。尽管如此，许多

人格成长

心理学家们一直在争论，我们之所以成为现在的自己，究竟是因为与生俱来的特质，还是受到周围世界的影响。许多人认为这两者兼而有之，就像一棵自然生长的树，但也需要修剪才能成型。

人仍认为环境在塑造我们是谁的过程中也起着重要作用。达尔文的表亲弗朗西斯·高尔顿（Francis Galton）是首批研究这一问题的科学家之一，他创造了"天性与教养"这一短语来描述这场争论的两面。

> 只要有手指、脚趾、眼睛和一些基本的动作，不需要更多生而具有的东西，就能把一个人培养成为天才、绅士或者流氓。
>
> 约翰·华生

我们是被基因决定的吗？

当心理学成为一门科学时，天性与教养的争论在心理学家中产生了分歧。20世纪20年代，关于是什么赋予我们心理特征的问题，出现了两种截然不同的观点。天性论：发展心理学家阿诺德·格塞尔（Arnold Gesell）提出，人类被基因设定为经历一系列决定我们性格的发展模式。我们都以相同的顺序经历相同的变化，这些变化"相对不受环境影响"。他称之为"成熟"的过程，认为我们的能力和特征随着身体、情感和心理的发展逐渐显现。教养论：行为主义心理学家约翰·华生则认为，我们不会遗传任何心理特征。在他看来，我们的性格、才能和气质完全由成长环境，尤其是我们所接受的教育所塑造。

的发展，以及进化心理学的兴起，争论再次偏向天性。然而，如今很少有心理学家像格塞尔或华生那样持极端立场。普遍认为，天性和教养在决定人类特征方面都起作用，但心理学家们对两者的贡献程度仍有分歧。

参见：第18~19页

两者兼具

天性与教养的争论持续至今，不同心理学流派对遗传和环境的重要性各有侧重。达尔文的进化论和孟德尔的遗传学表明天性起主要作用，而20世纪初的行为主义和社会心理学理论则强调教养的重要性。随着现代遗传学和生物心理学

双胞胎实验

比较天性与教养相对重要性的一种方法是研究同卵双胞胎，尤其是那些在早年就被分开并在不同家庭中抚养长大的双胞胎。由于同卵双胞胎具有相同的基因组成，他们在能力、智力和性格上的任何差异都可能归因于不同的成长环境。

你是什么样的人？

当我们谈论某人的性格类型时，通常会描述其思维方式和行为表现。例如，有人可能性格开朗、放松、外向，也有人可能忧郁、焦虑、内向。正是这些特征的特定组合构成了我们独特的个性。

性格特征

人格研究的先驱之一高尔顿·奥尔波特（Gordon Allport）注意到，每种语言都有大量描述人格的词汇，他称之为人格"特征"。根据奥尔波特的观点，人格特征有两种基本类型：共同特征：即同一文化背景下每个人都在某种程度上具有的特征。个体特征：即人与人之间各不相同的特征。每个人都有这些个体特征的独特组合，其中一些特征比其他特征更为突出。中心特征是构成我们主要人格的核心特征，而次要特征则体现在兴趣和偏好中，只在特定情况下表现出来。奥尔波特还发现，有些人具有单一的主要特征，如残忍、贪婪或野心，这些特征可能掩盖其性格的其他方面。

> 昏暗的灯光会让人变得不那么诚实，更容易作弊，而明亮的灯光则会产生相反的效果。

你是内向型还是外向型？

通过分析不同性格的统计数据，汉斯·艾森克（Hans Eysenck）创建了一种侧重于类型而非特征的理论。与奥尔波特提出的几乎无限多的特征不同，艾森克将这些特征视为构成人格的共同因素谱系上的点（见右侧的人格模型）。他提出，可以通过两个维度来定义每种性格类型：内向型或外向型：一个人是害羞还是外向。稳定型或不稳定型：一个人的情绪是稳定还是不稳定。后来，艾森克增加了第三个维度——精神质，用于衡量严重精神障碍患者所具有的特征类型。他认为，所有人格类型都可以根据它们在这三个特征上的表现程度来定义：外倾性（E）、神经质（N）和精神质（P）。大多数人的性格位于这些维度的极端之间，例如，即使精神质得分很高，也并不意味着一个人是精神病患者，只是他表现出一些相关特征。

大五人格模型

艾森克的人格类型理论后来被其他心理学家修正，包括雷蒙德·卡特尔（Raymond Cattell）。卡特尔指出，我们的性格不是一成不变的——我们在不同情境下的行为表现不同，可能展现出性格的不同方面。乔治·凯利（George Kelly）则认为，我们对自己性格的看法——即如何解释自己的观察和经

> ## 我们可以说一个人具有某种特征，但不能说他属于某种类型。
>
> 高尔顿·奥尔波特

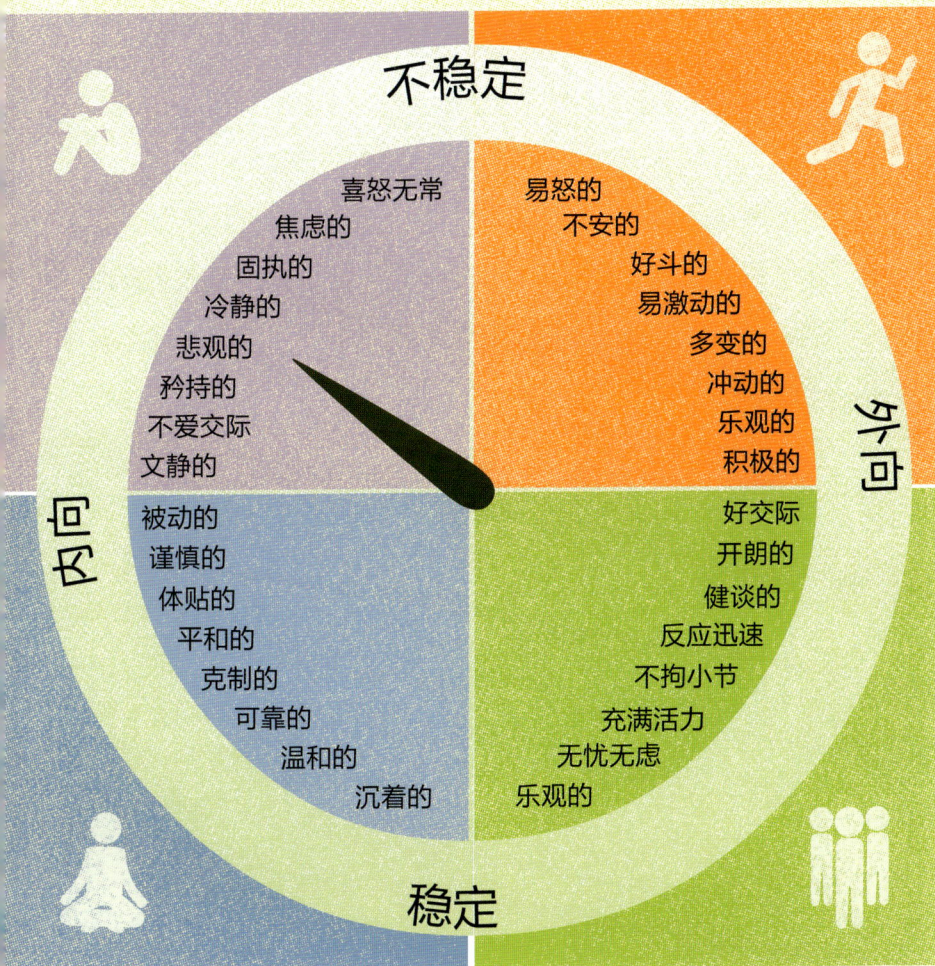

不稳定

外向

喜怒无常
焦虑的
固执的
冷静的
悲观的
矜持的
不爱交际
文静的

易怒的
不安的
好斗的
易激动的
多变的
冲动的
乐观的
积极的

被动的
谨慎的
体贴的
平和的
克制的
可靠的
温和的
沉着的

好交际
开朗的
健谈的
反应迅速
不拘小节
充满活力
无忧无虑
乐观的

内向

稳定

四种类型

艾森克的人格模型基于对立维度。每个象限（或四分之一区域）都包含了该类型人可能具有的特征。例如，一个神经质的内向者可能倾向于悲观。

参见：第88~89页、第96~97页

历——可能与他人对我们的看法不同。他将这种独特的解释称为"人格构念"。20世纪60年代，心理学家基于五个因素（与艾森克的三因素相对）发展出了一套人格类型系统，即大五人格模型。在大五人格模型中，包括外倾性和神经质，这与艾森克的理论中的外倾性和神经质非常相似，但精神质被尽责性和宜人性所取代，并且还有一个新的类别，即开放性。现在，大多数心理学家都认为大五人格是归类性格类型最可靠的方法。

第一印象

我们或许能从人们的面部"读出"他们的性格，这一观点可能有一定的可靠性。我们都会以貌取人，而且不同的人对某个人的看法可能会非常相似。最近的研究表明，第一印象在识别某些性格特征方面竟然相当准确——例如，一个孤僻的表情可能表明一个人是内向的。

人物传记：

高尔顿·奥尔波特

1898—1967

高尔顿·奥尔波特是人格心理学创始人，其职业生涯的大部分时间都在哈佛大学度过。奥尔波特出生于美国印第安纳州，是一位乡村医生的儿子，六岁时全家搬到俄亥俄州。在哈佛大学，他最初学习哲学和经济学，之后在土耳其伊斯坦布尔待了一年，回国后获得了心理学博士学位。尽管他也曾到德国和英国学习，但从1924年起直到1967年去世，他一直执教于哈佛大学。

奥尔波特在学校时性格腼腆且喜欢独处，有时会因为只有八个脚趾而被人取笑。

大量的词汇

奥尔波特对人格的兴趣始于其职业生涯早期。1921年，他与兄长弗洛伊德·亨利·奥尔波特（Floyd Henry Allport，同样是一位社会心理学家）合作撰写了一本探讨人格特质的书。在后续的研究中，奥尔波特与一位同事从词典中收集了约18000个描述性格的词汇，并且把它们进行了分类，归纳成了特质。

变化的环境

根据奥尔波特的观点，我们的个性并非一成不变。有些特质是持续不变的，有些特质会随着时间变化而改变，还有些特质仅在特定情境下显现。他以鲁滨孙·克鲁索为例，指出克鲁索只有在荒岛上找到同伴后才展现出某些特质。奥尔波特问道："在星期五出现之前，克鲁索是否缺乏个性特质呢？"

动机还是内驱力

在探究行为背后的原因时，奥尔波特对动机和内驱力这两个概念进行了区分。我们做出行动的根本原因，即动机，可能激发人们产生一种内驱力。例如，某人涉足政治的动机可能是为了改善社会和帮助他人，但这可能会演变为一种单纯为了掌握权力而驱动的内驱力。

> "**人格**是一个太过复杂的事物，无法**被束缚**在**概念化的框架**之中。"

良好的价值观

奥尔波特认为，人们的价值观能够表现出他们的个性。他和同事一起主持了一项研究，用多选题的形式询问人们对六个基本价值的感受强度：理论价值（对真理的追求）、经济价值（对实用性的看法）、审美价值（对美的见解）、社会价值（对他人之爱的寻求）、政治价值（权力的重要性）、宗教价值（对团结与道德的需求）。

你觉得自己很**聪明**吗？

自知－自省智力
能够自我反思的人擅长写作和绘画，以及进行一些独立的活动，例如写日记。

交往－交流智力
有些人天生擅长理解和与他人互动，并在群体活动中表现出色。

逻辑－数理智力
拥有推理能力、分析问题能力和探索能力的人擅长解谜题。

有些人擅长运动，而有些人则不然。同样地，有些人拥有更好的心智能力。这些个体被视为聪明，但要确切定义"智力"是什么并不容易，也很难找到一种方法来衡量它。正如存在多种类型的身体技能一样，或许也存在不同类型的智力。

身体－动觉智力
有些人能够有效地利用自己的身体，他们擅长建造、运动以及运用肢体语言进行沟通。

测量智力

阿尔弗雷德·比奈（Alfred Binet）是首位研究智力的心理学家之一。他受法国政府委托，鉴别在学校需要额外帮助的儿童。他与同事西奥多·西蒙（Théodore Simon）共同设计了一项测试，用以测量心智能力。这项测试被认为是首个智力测试。自那以后，人们设计出了许多不同的测试来测量智商（IQ）。智商是一个数值，反映了一个人的智力水平，显示受试者相比智力平均值（IQ=100）或高或低的程度。然而，一些心理学家对这些测试的可靠性提出了质疑。测试中的问题反映了设计者对智力的定义——通常是数学和语言能力——而其他领域能力较强的人得分较低。

此外，这些测试存在文化偏见。其他文化背景的人在做基于西方观点的智商测试时分数就会偏低。测试和

言语－语言智力
有些人擅长运用语言——他们在阅读、写作、玩文字游戏以及发表演讲方面表现出色。

音乐－节奏智力
有些人拥有良好的节奏感、旋律感和和音感，并且具有演奏乐器的天赋。

视觉－空间智力
像艺术家和设计师这样的人对空间和形状有很好的感知能力，并且能注意到更精细的细节。

我们同时拥有不同类型的智力。

衡量智商也会给人留下一种智商是不可改变的或不被环境影响的印象。这样的印象有时会被错误地拿来当证据：认为一些种族在基因上比其他种族的智商低。

从一般到特殊

智力测试中出现的另一个问题是，智力测试到底在测试什么？有些人擅长数学，有些人擅长音乐或语言，但这些能力是否源于我们称之为智力的某种一般性质？如果是这样，我们又该如何测试和衡量它呢？英国心理学家查尔斯·斯皮尔曼（Charles Spearman）发现，在某些类型测试中表现良好的人，在其他测试中也得分很高。他提出了"一般智力"和"特殊智力"的概念。与此同时，美国心理学家反对存在一般智力。吉尔福德（J. P. Guilford）认为，智力是由很多种不同的心智能力组成的，这些能力可以以多种方式组合，形成多达150种不同类型的智力。雷蒙德·卡特尔（Raymond Cattell）接受了斯皮尔曼关于一般智力的观点，但他认为一般智力既包括"流体智力"（通过推理解决新问题的能力），也包括"晶体智力"（运用从教育和实践中获得的知识来解决问题的能力）。

> ## 通过一个人在音乐上的才能，预测他在其他领域的表现的准确性几乎为零。
>
> 霍华德·加德纳

解决实际问题的能力。霍华德·加德纳（Howard Gardner）则进一步发展了关于不同类型智力的理论，他提出我们拥有"多元智力"——即在不同能力领域拥有各自独立的智力系统。他最初列出了七种类型的智力（见左侧）。在这些既独立又相互作用的领域中衡量智力，能够解释人们各自独特的能力，同时也有助于消除由于测量一般智力而产生的某些文化或种族比其他文化或种族更聪明的错误印象。

> 大脑的大小与智力没有相关性。阿尔伯特·爱因斯坦的大脑重量比普通人轻。

多元智力

后来的心理学家进一步拓宽了智力的定义，逐渐摒弃了传统的一般智力的观念。例如，罗伯特·斯滕伯格（Robert Sternberg）将智力视为处理信息以解决问题的能力，并区分出三种不同的解决问题能力：分析，即完成传统智力测试的能力；创造，即解决新的或者不常见问题的能力，以及从不同角度看待事物的能力；实践，即将技能和知识应用于

先发优势

1968年，在美国密尔沃基的贫困地区展开了一项实验。实验将40名新生儿分为两组。第一组婴儿接受高质量的学前教育与饮食，他们的母亲也接受了儿童养育及职业培训。当这些儿童开始上学时，第一组儿童比另一组没有得到任何帮助的儿童有更高的IQ。但是，一旦这些帮助停止，第一组孩子的智商又缓慢下降了。这表明智力受到我们所处环境的影响。

你为什么如此**情绪化?**

愤怒   厌恶   恐惧

我们的经历会带来快乐、悲伤、恐惧或愤怒等种种情绪。这些不同的情绪不仅会影响我们的思维方式，甚至还可能引起生理反应。我们几乎无法理智地控制自己的情绪，情绪之强烈，常常让我们难以掩饰或控制自己的行为。

参见：第46~47页，第94~95页

感到情绪激动吗？

传统观念认为，我们在成长过程中会从周围的人那里学习情绪，且情绪反应因文化差异而有所不同。最早挑战这一观点的人之一是查尔斯·达尔文。他认为，行为和生理反应（如面部表情）与所有种族和文化中的相同情绪是相关联的。心理学家后来证实了这一理论，并进一步发现情绪是不由自主的——我们无法有意识地控制它。荷兰心理学家尼科·弗里达（Nico Frijda）解释说，情绪是我们自然的反应，帮助我们应对生活中的各种经历。这些不由自主的反应不仅会在内心被感受到，还会引发一系列生理反应，包括笑、哭、脸红以及丰富的面部表情，这些都会向他人展示我们的情绪。但弗里达同时也认为，我们能够意识到自己的某些感受，这些感受源于对情绪的思考。与情绪不同，我们可以控制这些感受并隐藏起来不让他人察觉。

难以应对的情绪

心理学家保罗·艾克曼（Paul Ekman）曾广泛游历，深入研究了不同文化中情绪的生理表现。他确定了六种基本情绪：愤怒、厌恶、恐惧、快乐、悲伤和惊讶。与弗里达的观察相似，艾克曼也注意到这些情绪不是有意识的，而是在我们察觉之前就已经产生，并且难以控制。更甚者，这些情绪的力量强大到足以覆盖我们的一些最基本需求。比如，

> **情绪**本质上是一个**无意识**的过程。
>
> 尼科·弗里达

悲伤　　　快乐　　　惊讶

我们都有六种基本情绪。

◀ **掩饰情绪**

保罗·艾克曼确定了六种基本情绪，这些情绪在全球各种文化中普遍存在。他发现这些情绪的力量极为强大，以至于人们很难在面部表情上将它们完全掩饰。

情绪就像一列失控的火车。

保罗·艾克曼

即便我们饥肠辘辘，某些令人作呕的东西仍会抑制我们进食；而悲伤的情绪，甚至可能让我们失去求生的欲望。艾克曼还发现，隐藏情绪极为困难。即便我们努力保持"面无表情"，一些微表情仍会泄露我们的真实感受。这些微妙的表情变化，正是经验丰富的扑克牌玩家在对手身上寻找的"破绽"。

哪个先发生？

尽管大多数心理学家都认为情绪的产生是不由自主的，但对于情绪如何与我们的生理反应、意识思维及行为相关联，学界仍存在争议。通常我们认为，诸如恐惧之类的情绪会先于出汗、颤抖、心率加快等生理变化，以及逃跑等行为反应。然而，威廉·詹姆斯（William James）

和卡尔·兰格（Carl Lange）却持相反观点，他们认为，当我们看到令人恐惧的事物时，会先出现出汗、颤抖等生理反应，而这些反应会进一步触发恐惧情绪。另一方面，理查德·拉扎勒斯（Richard Lazarus）则认为，在情绪反应之前，人们会经历某种思维过程（可能是自动且无意识的）来评估当前情况。而罗伯特·扎荣茨（Robert Zajonc）则主张，情绪和思维过程是完全独立的，并且情绪可能先于思维过程发生。

女性在感知他人情绪方面通常比男性更快、更准确。

微笑能带来快乐

一些心理学家认为，我们的面部表情能够影响自身的感受。在一项研究中，参与者被要求在看漫画书时保持微笑或皱眉，他们被告知正在参与一项测试面部肌肉的实验。当被问及漫画是否有趣时，那些保持微笑的参与者普遍觉得漫画更有趣。

什么使你**充满动力**?

参见：第26~27页、第102~103页

> 训练意志力是需要付出努力的。这就是为什么我们在疲惫时会屈服于诱惑。

我们各种行为的背后有多种原因。我们的行动都有目的，并且有某种东西促使我们去实现这个目的。有时我们的需求很明确——比如因为饥饿而进食——有时我们做事是为了获得它带来的回报。然而，激励我们的需求和回报并不总是显而易见的。

满足你的基本需求

为了维持生存，我们有许多不可或缺的行为，如呼吸、进食、饮水、寻找庇护以及防范危险。追求幸福是我们大多数行为的基本动因，而生理需求则是驱使我们行动的重要因素。我们将这些需求视为推动我们做事的动力或冲动，比如饥饿感会驱使我们寻找并摄取食物。心理学家克拉克·赫尔（Clark Hull）认为，我们所有的行为都是为了满足减少饥饿和口渴的需求、对休息和活动的渴望以及繁衍的本能。然而，随着研究的深入，其他心理学家发现，我们的驱动力并不仅限于生理健康层面，实际上，还有其他需求在驱动着我们。例如，我们还需满足心理健康的需求，以及社交需求，如获得他人的尊重、陪伴和关爱。这就是为什么有时候心理学家会区别生理需求和心理需求对我们行为的影响。

> 人能成为什么，就必须成为什么。
>
> 亚伯拉罕·马斯洛

追求回报

在认识到这些驱动力对我们日常行为的影响的同时，一些心理学家也指出，我们同样受到享乐主义的驱使，即追求快乐并规避痛苦。这是西格蒙德·弗洛伊德精神分析理论中的一个核心观点，而行为主义学家，特别是斯金纳（B. F. Skinner），也认同我们的行为是由某种形式的回报或避免不适感所激发的。我们进食不仅是为了消除饥饿，更因为进食能带来愉悦，而饥饿带来的痛苦则是一种不适感。回报的概念有助于我们理解，是什么促使我们去做那些不直接关乎身体健康的事情。例如，孩子们确实通过玩耍来学习，但学习的目的并非他们玩耍的初衷——他们享受的是玩耍的乐趣。成年人也会投身于一些看似没有明显、具体回报的活动，如爱好和体育运动。有些活动，如极限运动或饮酒，甚至可能对我们的身体健康造成损害，但人们依然乐此不疲。在职场中，尽管赚钱以支付生活开销看似是其主要动机，但他可能同样享受满足成就感、获得尊重或权力的过程。

胡萝卜或大棒

提供奖励并不总是能提高动机。在一项研究中，一些喜欢画画的儿童因为他们的画作而获得了奖励。然而，在那之后，这些获得奖励的儿童画画的时间反而比那些没有得到奖励的儿童要少。他们原本画画是为了享受其中的乐趣——一种来自内心的奖励——而不是为了金钱或赞扬等外部奖励。奖励将原本令人愉快的玩耍变成了工作。

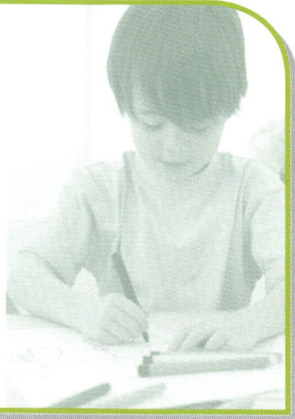

自我实现需求

当我们能够充分发挥自身潜力，找到生活的真谛并为之奋斗时，便达到了自我实现的境界。

需求层次

在我们的生活中，食物、水、空气等生理需求无疑是最为紧迫和基础的，它们的重要性远超于解决心理问题的需求或社交陪伴的社会需求。根据心理学家亚伯拉罕·马斯洛（Abraham Maslow）的理论，人类的需求可以依据其重要性进行排序。马斯洛的"需求层次理论"以金字塔的形式呈现，将我们的基本生理需求置于底部。其上是安全、爱与自尊等不同层次的需求，直至达到金字塔的顶端——自我实现（即发掘并实现个人潜能）与自我超越（为更高尚的目标而奋斗）。马斯洛坚信，为了充实而完整的人生，我们必须逐一满足这些需求层次。

自尊需求

我们渴望得到尊重与认同，对自己在体育、学术等领域的成就感到自豪，这是自尊需求的体现。

社交需求

我们天生渴望归属感，与朋友、家人及他人建立亲密关系，寻求关爱与接纳。

安全需求

安全对我们至关重要，它意味着免受恶劣环境的影响，远离危险与恐惧的威胁。

基本需求

为了维持生命，人类必须呼吸、进食、饮水，保持体温，繁衍后代，并确保充足的睡眠。

自我实现之路

马斯洛的需求层次理论最初包含五组需求，它们构成了我们追求自我实现的必经之路。

通向自我实现的阶梯

人的性格会改变吗？

找到了我阳光的一面——那个青蛙所在的树枝看起来比我的好——这真让人生气

感到忧郁

**我们的个性
与周围的环境
相适应。**

当我们谈论个性时，我们的思绪往往聚焦于一个人的内在本质及其日常行为模式。然而，这是否就意味着这些特质是他们与生俱来的呢？个性究竟是在成长历程中逐渐塑造而成，还是会随着时间和情境的变化而不断演变？又或者，我们是否会在不同的场合下，展现出截然不同的个性？

参见：第86~87页、第94~95页

个性的发展

关于个性的两大核心理论——汉斯·艾森克（Hans Eysenck）的类型理论与高尔顿·奥尔波特（Gordon Allport）的特质理论，就个性中天生因素与环境因素所占的比重提出了不同见解。艾森克的理论倾向于认为，个性主要由遗传决定，是我们与生俱来的特质，因此在很大程度上是稳定且难以改变的。相反，奥尔波特的理论则指出，个性会随时间推移和情境变化而有所改变。在此基础上，卡尔·罗杰斯（Carl Rogers）与亚伯拉罕·马斯洛（Abraham Maslow）进一步提出，我们有可能通过调整个性来释放个人成长的潜能。当前，大多数心理学家普遍认同，遗传与环境在塑造个性时均扮演重要角色，我们的个性会在经历青春期、成年期等人生各个阶段的过程中不断发展。

不同情境下

尽管这些理论在个性由何决定以及个性会随时间发生多大变化方面存在分歧，但它们都认同一点：人们倾向于以特定方式行事，无论身处何种情境。然而，美国心理学家沃尔特·米歇尔（Walter Mischel）对这一观点提出了挑战。他发现，个性特质实际上并不能很好地预测行为，人们在不同情境下的行为方式也缺乏一致性。他建议，我们不应从相对稳定的特质中寻找个性的证据，而应观察个体在不同情境中的行为表现。毕竟，我们大多数人都是从他人的行为中推断其个性，而非他们自称拥有的特质。这种方法被称为情境主义（situa-

> ## 人们的行为如果没有环境的约束，必定荒谬并且毫无秩序。
>
> 沃尔特·米歇尔

ionism）。例如，一个人可能被所有人（包括他自己）认为是冷静、温和的，在面对考试等困难任务时，他通常会展现出这些特质。然而，当他需要在公众场合发言时，就会变得非常紧张；而在体育比赛等竞争激烈的场合，他又会变得好斗。所有这些特质都是他个性的组成部分，但只在特定情境下显现。随着我们生活中情境的变化，我们的行为也会随之改变，从而展现出个性的不同方

> ## 任何认为个性是稳定的或不变的理论都是错误的。
>
> 高尔顿·奥尔波特

面。而在我们行为中最常出现且表现最强烈的特质，也会随着环境的变化而变化，表现为个性的改变。

行为揭示个性

并非所有心理学家都接受米歇尔颠覆传统个性类型与特质观念、转而支持情境主义的观点。但他确实为以下观点提供了有力证据：我们在不同情境下的行为与构成我们个性的特质之间存在着某种相互作用。个性研究也因此发生了转变，从关注如何利用个性预测行为，转向探讨行为如何揭示个性。

> 只需不到一秒的时间，你的大脑就能判断出一个人的吸引力、能力和攻击性。

三面夏娃

在一个著名的心理学案例中，一位女性表现出两种截然不同的人格：一种优雅、矜持，另一种则狂野、轻浮。这两种人格仿佛各自独立，互不干扰。这一案例后来被改编为电影《三面夏娃》，引发了广泛关注。经过心理治疗，这位女性逐渐发展出第三种人格。这种新的人格不仅能够意识到前两种人格的存在，还能在它们之间进行协调，缓和其极端表现，最终帮助她实现了内心的平衡。

你感觉很**沮丧**吗?

总会有一些时候，我们感到不快乐。这种情绪往往源于生活中的某些事件，比如失去亲人，甚至只是小小的失望。通常，我们会随着时间的推移逐渐走出阴影。然而，有时悲伤会变得难以承受。那么，悲伤和抑郁之间有区别吗？

悲伤与抑郁

当遭遇不幸时，我们感到悲伤是很自然的。但如果悲伤的程度与引发它的原因不成比例，且负面情绪持续存在，我们就会认为这是一种被称为抑郁的障碍。抑郁的产生更多源于我们内心的某些因素，可能是神经性的问题，也可能是心

> **他人**或者自己做的事情都不会让我们难过。使我们难过的是我们自认为那些让我们难过的事。
>
> 阿尔伯特·艾利斯

理上的问题。然而，悲伤与抑郁之间的界限并不明确。心理学家亚伦·贝克（Aaron Beck）设计了一份多项选择题问卷，即贝克抑郁量表（Beck Depression Inventory），该量表通过从悲伤到严重抑郁的评分来衡量一个人的消极程度。精神科医生也会使用一套标准来确定一个人是否患有重度抑郁，该障碍的症状包括持续的悲伤情绪，以及对日常活动丧失兴趣。

别再自责了

精神科医生往往将抑郁视为一种涉及大脑变化的障碍，可以通过抗抑郁药物进行治疗。而心理学家则大多认为抑郁的原因主要是心理性的，而非生物性的。阿尔伯特·艾利斯（Albert Ellis）是首批持此观点的人之一，他在20世纪中叶提出，我们对负面事件的非理性反应——而非事件本身——会将我们的不快乐转变为抑郁。亚伦·贝克进一步发展了这一观点，他认为抑郁源于对世界的过于消极的看法。之后，马丁·塞利格曼

当我们心情沮丧时去购物，往往会不自觉地花更多钱——我们通过购物来让自己感觉好些。

（Martin Seligman）解释说，这种态度是一种"习得性无助"的表现——负面事件会让我们觉得自己无法控制所发生的事情。

他进一步指出，我们对负面事件的解读方式——例如，告诉自己"我很笨"、"我做这类事情总是很糟糕"或"我总是出错"——会带来沮丧和抑郁。澳大利亚心理学家多萝西·罗伊（Dorothy Rowe）也认为自责是抑郁产生的原因之一，她认为当人们为自己生活中发生的坏事以及由此产生的痛苦感到内疚并自责时，不快乐就会转变为抑郁。

别沮丧……

看看生活光明的一面！

悲伤是正常的

一种更为极端的观点认为，抑郁并非障碍，而只是极度不快乐的一种体现。罗洛·梅（Rollo May）认为，痛苦和悲伤是生活中不可避免的一部分，是人类生存状态的真实写照。因此，我们不应将这些负面情绪视为需要治疗的障碍或疾病，而应接纳它们的正常性和自然性。实际上，梅认为这些情绪对于我们的心

参见：第110~111页、第112~113页

> 将自然的悲伤转化为抑郁，只需一个步骤——为自己所经历的不幸自责不已。
>
> 多萝西·罗伊

理成长和发展至关重要。其他心理学家也指出，抑郁在西方社会尤为突出，这或许与西方社会普遍将快乐视为常态的观念有关。然而，这种期望可能并不现实，它让我们对不快乐感到焦虑和内疚，最终可能引发我们所说的抑郁。

与情绪共鸣

抑郁的人可能拥有更为敏锐的情绪感知力。在加拿大女王大学的一项研究中，学生们被要求观察他人眼睛的照片，并判断照片中的人正在处于何种情绪。结果显示，被归类为抑郁的学生在这一任务上的表现明显优于非抑郁的学生。他们不仅能够准确识别出负面情绪，还能敏锐地捕捉到正面情绪。

什么使人上瘾？

有些药物会影响我们大脑的工作机制，这类药物被称为精神活性药物。这种药物通常由医生开具处方用于治疗特定疾病，但其中许多也被人们出于娱乐目的——即为了追求快感而滥用。大多数人偶尔会服用一些药物，如咖啡因，以提神醒脑，但有些人会逐渐成为长期使用者，甚至发现离开这些药物生活会变得异常困难。

当你意识到自己有问题时……

你无法完成在学校或工作中的任务：表现很差或无故缺席。

即使在身体面临危险的情况下，比如开车时，你仍然使用药物。

未经治疗的成瘾问题，其代价超过了心脏病、糖尿病和癌症的总和。

影响意识

精神活性药物，或称娱乐性药物，是指能够改变我们大脑和神经系统内部信号传递方式，从而影响我们意识的物质。这些药物能够改变我们的情绪和感知事物的方式，而这正是吸引大多数人滥用娱乐性药物的主要原因。不同种类的精神活性药物会以不同的方式影响我们的意识。例如，兴奋剂（如可卡因）能增强使用者的警觉性和自信心；相反，抑制剂（如酒精）则会减缓大脑和身体的反应速度，让人产生一种平静感。阿片类药物（如海洛因和吗啡）同样能带来平静感和幸福感，而迷幻药（如LSD）则会强烈地改变人们的思维，扭曲正常的感知和思维过程。

> **"成瘾"**是一个带有侮辱性的词汇，它受到文化背景的影响。
>
> 托马斯·萨斯

药物滥用

许多精神活性药物是非法的，但也有一些，如咖啡因、尼古丁和酒精，在大多数地区不仅合法，而且被社会广泛接受。社会对某些药物的态度会影响我们对成瘾的看法。心理学家托马斯·萨斯（Thomas Szasz）指出，"成瘾"这一标签往往只是对社会不认可的药物使用者的负面评价。该词也被随意地用来描述对互联网或工作等事物的过度依赖，即"行为成瘾"。将某人贴上"成瘾"的标签，意味着将成瘾视为一种疾病，这在一定程度上免除了使用者对滥用药物所应承担的责任。因此，许多心理学家更倾向于使用"药物依赖"和"药物滥用"这两个更为中性的术语来描述这一现象。对于药物滥用很难给出一个明确的定义，但一般来说，当药物的使用

当你因药物而神志不清时，你是在摧毁自己的心智。

苏珊·格林菲尔德

使用者却会形成心理依赖，需要不断增加药量来获得渴望的愉悦感。早期的心理学研究倾向于将成瘾看作一种疾病，但人们很快意识到，除了精神活性药物的生理作用，社会和心理因素，如同龄人的影响和家庭背景等，也对药物依赖的形成起着重要作用。

你因在药物影响下的行为而触犯法律。

药物依赖让你与朋友和家人的关系受到了影响。

对使用者或他人构成风险时，就被视为滥用。每种药物都带有一定的风险，即使只使用一次也是如此。

依赖

人们通常将无法停止使用某种物质视为成瘾，这在专业上被称为依赖，可以是生理依赖，也可以是心理依赖。像尼古丁这样的药物，其长期使用者会产生生理依赖，一旦停止使用，便会出现剧烈头痛、恶心等令人不适的生理戒断症状。而其他药物可能不会引发同样的生理依赖，但习惯性

替代性奖励

过去，人们普遍认为，对药物产生依赖者会优先选择药物而非食物。然而，最近一项研究发现，却得出了相反的结论：当同时提供食物和海洛因时，对海洛因成瘾的老鼠选择了食物。这表明，即使是生理上对药物产生依赖的个体，也有可能找到替代性的奖励。

人物传记：

西格蒙德·弗洛伊德

1856—1939

西格蒙德·弗洛伊德出生于摩拉维亚的弗赖堡（今属捷克共和国），四岁时随家人移居奥地利维也纳，并在那里度过了大半生。他在维也纳学习医学和哲学，后来开创了用于治疗神经症（包括抑郁症和恐惧症）的精神分析疗法。尽管他的许多理论后来被证实缺乏科学依据，但其工作对心理治疗领域产生了深远影响。

催眠和"谈话疗法"

在担任精神病医师之后，弗洛伊德前往巴黎，师从使用催眠术研究歇斯底里症的神经学家让·马丁·沙可。回到维也纳后，他与友人约瑟夫·布洛伊尔共同开设了一家私人诊所。他们尝试让病人在催眠状态下倾诉内心困扰，他们发现这种方法能有效缓解症状。弗洛伊德在此基础上进一步发展出无需催眠的"谈话疗法"，并将其命名为精神分析。

冰山一角

弗洛伊德提出著名的"冰山理论"：意识只是冰山露出水面的一角，而潜藏在水下的无意识部分则更为庞大。他认为许多心理问题源于被压抑但仍潜藏在无意识中的内容，通过精神分析触及这些内容可以治疗神经症。

弗洛伊德是家中七个孩子之一，但最受母亲宠爱。母亲亲切地称他为"金西吉"。

梦的解析

弗洛伊德运用多种方法来触及患者无意识中潜藏的想法和感受。在开创谈心疗法时，他鼓励患者自由表达脑海中浮现的任何内容，这一过程被称为自由联想。他还要求患者描述梦境，认为梦是无意识活动的窗口。

"梦的解析是通往无意识活动的捷径。"

逃离纳粹

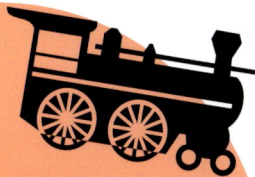

弗洛伊德虽经常游历各地宣讲精神分析理论，但始终视维也纳为故乡。20世纪30年代，随着希特勒上台，身为犹太人的弗洛伊德面临纳粹迫害的危险。当时，许多犹太人选择逃亡英国和美国，弗洛伊德起初不愿离开维也纳。直到1938年，意识到形势危急，他才乘坐东方快车逃往英国伦敦。

什么是**正常**的？

每个人都是独一无二的个体。除了生理差异，我们还拥有独特的心理特征，如个性和智力，这些特质使我们与众不同。然而，大多数人也有一些共同之处——这些共性构成了人们所谓的"正常"标准。

我们往往 排斥 与常态 不同的 事物。

参见：第106~107页、第112~113页

什么是异常的？

虽然我们往往对"正常"有直观认知，但要准确定义却非易事。某种文化中被视为正常的行为，在另一种文化中可能显得怪异，而每个人对正常的理解也不尽相同。界定正常的一种方式是考察其对立面——异常。异常行为通常指与多数人行为模式相左的表现，但"异常"一词还隐含着不受欢迎或不被接受的含义。例如，天赋异禀者通常被视为杰出而非异常。当我们给某人贴上"异常"标签时，实际上是在表达他们不符合我们的预期标准。就像身体健康有标准一样，我们也用心理健康的标准来衡量他人，并将偏离这一标准者描述为患有精神障碍或疾病。这

种差异感往往导致精神障碍患者遭受社会污名。

精神疾病的分类

在中世纪，异常行为常被归因于巫术作祟。随着科学的进步，人们的态度发生了转变，开始将精神疾病视为一种疾病类型。19世纪，精神病学作为医学分支应运而生，致力于治疗精神疾病（尽管现代心理学家更倾向于使用"精神障碍"而非"疾病"这一表述）。精神病学先驱埃米尔·克雷佩林（Emil Kraepelin）认为，精神疾病与其他疾病一样具有生理基础。他将精神疾病分为两类：躁郁症（现称双相障碍），由外部因素引

理解精神疾病的本质是医生的职责。

埃米尔·克雷佩林

选择的标准

我们在日常生活中处处体现对"正常"的偏好，往往不自觉地回避那些被视为"异常"的事物。即使是在挑选胡萝卜时，我们也会本能地选择那些更符合胡萝卜"标准"形状的。

> 过去，人们创造了**女巫**；现在，他们创造了**精神病**患者。
>
> 托马斯·萨斯

生活中的问题

并非所有心理学家都认同将所谓的"异常"行为贴上需要医学治疗的标签。托马斯·萨斯就是这一观点的批评者之一。他认为，除非存在脑损伤等生理原因，否则精神障碍不应被视为疾病，而应被理解为"生活中的问题"，这些问题源于每个人都可能面对的日常挑战，如感情破裂或亲人离世。在他看来，精神病学家归类为精神障碍的许多状况，包括抑郁和焦虑，实际上是人生常态的一部分。尽管这一观点较为激进，但大多数精神病学家和心理学家都认同器质性精神障碍（有明确生理原因）与功能性障碍（萨斯所说的"生活中的问题"）之间存在本质区别。

发，因而可治愈；

以及早发性痴呆（精

神分裂症的过渡期），源于

大脑器质性病变，无法治愈。这一分类体系开创了先河，为现代精神疾病分类系统奠定了基础，如世界卫生组织的《国际疾病分类》（ICD）和美国精神医学学会的《精神障碍诊断与统计手册》（DSM）。这些分类系统涵盖了脑部疾病或损伤、精神分裂症、物质使用障碍、情感障碍、焦虑障碍、人格和行为障碍，以及进食和睡眠障碍等类别。

> 在中世纪，行为异常者常被认为是被恶魔附身。

你疯了吗?

"精神失常"这一术语常被用来描述我们眼中的"疯狂"行为。然而，如今这一标签不仅被认为无助于理解问题、带有污名化色彩，而且缺乏科学性。传统意义上的"精神失常"现已被重新分类为不同的精神障碍，或者被视为不可预测的行为表现。

是疯狂还是疾病?

在人类历史长河中，行为极度异常者常被贴上"疯狂"或"疯子"的标签，被视为与"正常人"截然不同。然而，19世纪以来，随着精神病学的兴起，这种"疯狂"行为开始被视为精神或心理疾病的征兆。精神病学家认识到，"疯狂"并非单一现象，而是包含多种症状各异、程度不同的精神障碍。不可预测的或异常的行为被归类为精神病，其最严重的形式如今称为精神分裂症。早期精神病学家认为，这种障碍源于大脑器质性病变，是一种具有明显症状且无法治愈的疾病，症状包括偏执、幻觉、妄想以及行为和语言紊乱。

与众不同

我们都会做出他人眼中"疯狂"的举动。但举例来说，喜欢跳伞的人并非疯狂——他们只是选择了与众不同的生活方式。

做出疯狂举动的人未必就是疯子。

> **某些情境**可能会让很大一部分"正常"的成年人表现出非常令人不悦的行为。
>
> 埃利奥特·阿伦森

异常行为的本质

当然，并非所有异常行为都源于精神分裂症。还存在一系列其他精神疾病，包括情感障碍（如抑郁症）、人格障碍，以及焦虑障碍和恐惧症等。对这些不同精神疾病的认识促使人们转变视角：过去被视为疯狂的人，现在被认为是患有某种精神障碍。埃利奥特·阿伦森进一步推动了这一观点的转变，他认为做出异常行为的人未必就是精神病患者。他指出，看似异常的行为往往并非源于精神疾病，而是特定情境导致的非常规反应。面对极端情况，如重大事故或犯罪时，表现出看似疯狂的行为其实很常见。因此，阿伦森强调，在给某人贴上"疯子"、"精神失常"或"精神病患者"的标签之前，必须深入了解其行为背后的原因。

> 在18世纪，人们认为冷水浴可以治疗精神疾病和醉酒。

并没有所谓的疯狂

阿伦森表示，异常行为未必意味着精神疾病，而一些心理学家则更进一步，颇具争议地完全否定了精神疾病的概念。托马斯·萨斯提出，除非存在脑部疾病等生理原因，否则精神疾病只是对日常问题（如亲人离世）的过度反应。一些人甚至认为，精神疾病不应被视为需要医学治疗的状况。在这场"反精神病学运动"中，莱恩（R. D. Laing）认为，即使

> ## 社会高度推崇"正常人"，而这些"正常人"在过去50年里可能已经杀害了约一亿名同类。
>
> 莱恩

是精神分裂症这样的状况也不是疾病，而是社会用来标签行为异常者的方式。对莱恩而言，不存在所谓的精神疾病，我们也无法明确区分疯狂与理智。尽管这一观点较为极端，但莱恩影响了理查德·本塔尔（Richard Bentall）等心理学家，后者认为精神疾病与健康之间的界限并不明确，甚至某些形式的精神分裂症也应被视为心理障碍，而非纯粹的生理疾病。

参见：第104~105页、第112~113页

疯狂的快乐

1992年，理查德·本塔尔提出，快乐也应被视为一种精神疾病。尽管这一提议带有戏谑成分，但其背后蕴含严肃思考。从统计学角度来看，快乐确实是一种异常状态，而且会引发可识别的异常行为，如无忧无虑的态度和冲动行为，这与其他精神疾病的表现确有相似之处。

人性本恶？

我们都会偶尔做出明知故犯的事情，但有些人似乎更容易走上犯罪道路。有人惯于小偷小摸，有人则频繁实施残忍暴力行为。这些行为常被贴上"邪恶"标签，而犯罪者则被视为邪恶之人或心理变态者。

> **心理变态者**对其行为造成的破坏性后果表现出惊人的**漠不关心**。
>
> 罗伯特·海尔

参见：第112~113页、第122~123页

邪恶的本质

什么样的行为会被视为"邪恶"的？社会界定了不良行为的范畴，将其统称为犯罪，但这其中也包括一些通常不被视为邪恶的轻微罪行，如行窃。我们普遍认为的邪恶行为往往是最严重的犯罪，包括谋杀、强奸和袭击等。然而，给这类罪犯贴上"邪恶"标签是否恰当？善良的人在极端情况下也可能给他人造成伤害——比如自卫杀人。但确实存在一些人屡屡犯下残忍暴行。对此，一些心理学家并未简单地将他们标签化，而是提出了更深层的问题：这些人是主动选择作恶，还是天生具有某种性格倾向，或是存在某种异常或疾病导致其犯罪行为？

> 内疚感会激发清洁身体的冲动——这种现象被称为麦克白夫人效应。

人格障碍的视角

通过分析犯罪统计数据，如罪犯的年龄、性别、智力和社会背景等因素，心理学家试图找出习惯性犯罪，特别是严重犯罪的成因。虽然社会背景有一定影响，但许多人认为人格因素更为关键。罗伯特·黑尔（Robert Hare）提出，暴力犯罪行为源于一种人格障碍，有时被称为精神病态，他称之为反社会人格障碍（APD）。他总结了一系列APD的特征性人格特质，并制定了心理变态核查表来识别这种障碍。该核查表分为两个主要维度：第一个维度识别自私、欺骗、冷酷无情、缺乏悔意等特质；第二个维度则识别不稳定、反社会生活方式的特点，包括剥削型依赖他人等。最新研究表明APD与某些类型的脑部异常可能存在关联，但这种联系尚未得到证实，且环境因素也在该障碍的发展中扮演重要角色。

犯罪心理画像

心理学的新分支——调查心理学，为警方提供了重要工具。其中，犯罪心理画像通过分析犯罪现场证据来推断罪犯的性格特征和动机，从而缩小嫌疑人范围。

人性的阴暗面 ➲

一些心理学家认为，实施邪恶行为的人天生具有精神病态人格障碍。精神病态者缺乏同理心，因此对伤害他人毫不在意。

你内心是否也潜藏着阴暗面？

矫正与惩罚

社会主要通过惩罚来处理犯罪行为，通常是将罪犯监禁。同时，罪犯也可能接受心理治疗，以防止再犯。虽然这些方法对部分人有效，但对于反社会人格障碍（APD）患者来说，监禁或心理治疗往往收效甚微。APD的治疗存在争议，一些心理学家认为将某人定性为心理变态并无益处。黑尔的心理变态核查表也受到批判，因为高分者可能只是不负责任、冲动或情感冷漠，而不一定是严重罪犯者。此外，某些APD患者并未犯罪，而是通过成为欺凌下属的老板，甚至是暴虐的独裁者或军事领袖来表现其障碍。

倾诉是件好事

纵观历史，人类一直在寻求缓解焦虑和抑郁等心理困扰的方法。直到19世纪，随着心理治疗的兴起，这些困扰才被正式视为精神障碍，并形成了通过了解病因来缓解症状的治疗理念。

> 人不应试图消除自身的矛盾，而应学会与之和解。
>
> 西格蒙德·弗洛伊德

谈话疗法的诞生

西格蒙德·弗洛伊德是探索病因治疗精神疾病的先驱。他曾与使用催眠术治疗歇斯底里症的神经学家让·马丁·沙可共事。这些患者多为表现出极度痛苦症状的女性。后来，弗洛伊德与医生约瑟夫·布洛伊尔（Josef Breuer）合作，后者先对患者进行催眠，再引导他们谈论其症状。其中，被称为安娜·O的病例尤为引人注目。布洛伊尔发现，当安娜·O回忆并讲述过去的创伤经历时，其症状有所缓解。她将这种方法称为"谈话疗法"，这使两位医生确信，通过让患者自由倾诉想法、记忆和梦境，可以缓解焦虑和抑郁等症状。弗洛伊德由此发展出一套理论：我们常常试图遗忘不愉快或创伤性记忆，但这些记忆并未真正消失，而是被压抑在无意识深处。他还提出，我们的内心存在三重冲突：有意识的思维（自我）、本能冲动和生理需求（本我），以及内在道德准则（超我）。

参见：第102-103页

精神分析的演进

弗洛伊德认为，通过分析无意识中被压抑的记忆和冲突，患者可以获得对自身心理问题的洞察，从而克服这些问题。这种被称为"精神分析"的技术很快成为治疗焦虑和抑郁等障碍的主流方法。弗洛伊德的同事们接受并发展了这一方法，为无意识理论注入了新思想。例如，阿尔弗雷德·阿德勒强调自卑感对心理健康的影响，而卡尔·荣格（Carl Jung）则专注于梦境和符号的解析，并提出除了个人无意识外，还存在一个人类共有的"集体无意识"。

弗洛伊德最小的女儿安娜也是一位著名的精神分析学家，她继承并发展了父亲的无意识理论。

释放无意识

弗洛伊德坚信，谈话是治疗精神障碍的最佳方式。通过向治疗师倾诉潜藏的想法和梦境，患者可以释放被压抑的记忆，从而缓解痛苦。

心理治疗的多元化发展

许多心理治疗师采纳了弗洛伊德的方法，但并非所有人都认同他的无意识理论。一些人认为这些理论缺乏科学依据，更多基于推测而非实证。汉斯·艾森克（Hans Eysenck）甚至质疑精神分析的真实疗效。另一些治疗师虽然不认同弗洛伊德的观点，但相信某种形式的谈话疗法确实有益。他们认为，关注患者当前生活的各个方面比试图分析其无意识更有帮助。其中一种替代性心理治疗方法是格式塔疗法，由弗里茨·波尔斯（Fritz Perls）、劳拉·波尔斯（Laura Plerls）以及保罗·古德曼（Paul Goodman）在20世纪40到50年代创立。格式塔疗法更注重当下而非过去，强调与治疗师建立良好

关系，共同探讨生活改变的可能性。尽管现代心理治疗已发展出与弗洛伊德精神分析截然不同的方法，但通过谈话解决问题的核心理念仍在不断发展，与治疗常见精神障碍的其他方法并行不悖。

> 唯有自己发现的真相，才能真正接受。
>
> 弗里茨·波尔斯

谈话让潜意识的思想得以释放。

口误

我们很难完全隐藏潜意识中被压抑的内容，有时困扰我们的事情会在不经意间显露出来。说话时，我们可能通过肢体语言泄露真实感受，或者出现口误——这种被称为"弗洛伊德式口误"的现象，往往会透露出我们真实的想法。

治疗是解决方案吗？

除了探索人类心理和行为的奥秘，心理学还致力于寻找治疗精神障碍的方法。临床心理学作为心理学的重要分支，专注于心理健康研究，涵盖了多种治疗方法，这些方法统称为心理治疗。

> 如果问题难以解决，就将其分解成易于处理的几部分。

一匙药

精神障碍曾被视为不治之症，直到精神病学这一医学分支的出现，才开始探索治疗方法。随着神经科学的进步，我们对大脑和神经系统的了解不断深入，医学家们开发了一系列能够改变大脑功能的方法。这些方法包括：外科手术（切除或隔离特定脑区）、电休克疗法（ECT，通过电流刺激大脑）以及药物治疗（改变大脑化学连接）。这些方法最初用于治疗脑损伤等有明显生理原因的疾病，但后来发现其也能缓解其他精神障碍的症状。如今，手术和电休克疗法被视为侵入性较大的治疗手段，仅在其他治疗无效时使用，而抗抑郁药和抗精神病药等药物已成为治疗多种精神障碍的常规选择。现代精神病学不仅依赖这些生理治疗方法，大多数患者会接受药物与心理治疗的联合治疗。

> 我得出结论，精神分析是一种基于信仰的治疗方法。
>
> 亚伦·贝克

在传统的精神病院中，精神病患者忍受着极其恶劣的条件。

心理学的方法

心理治疗源于这样一种认识：并非所有精神障碍都是生理或医学疾病。事实上，许多是心理问题，因此需要心理干预。西格蒙德·弗洛伊德率先使用心理治疗来治疗他所谓的神经症，包括焦虑、抑郁等非器质性障碍。基于弗洛伊德的潜意识理论，精神分析曾一度是治疗这类障碍的主流方法，直到其有效性受到质疑。约瑟夫·沃尔普（Joseph Wolpe）就是质疑者之一，他发现精神分析对创伤后应激障碍士兵的疗效甚微。受行为主义条件反射理论（即学习对刺激产生特定反应）的启发，沃尔普创立了行为疗法，专注于改变患者的行为反应。在治疗过程中，治疗师扮演更积极的角色，运用系统脱敏（在放松状态下逐步接触恐惧源）和厌恶疗法（将不良行为与不愉快体验关联）等技术。沃尔普认为，改变行为能够减少消极想法和情绪。

消除消极想法

其他心理学家认为行为疗法也有局限。受认知心理学（研究心智运作的学科）影响，他们提出如果改善消极想法和情绪，行为就会自行纠正。亚伦·贝克（Aaron Beck）是一位对精神分析失望的心理治疗师，他发展出认知疗法，帮助患者以新视角看待问题，克服只看到事物消极面的倾向。贝克鼓励患者审视自己的想法和情绪，而不是被消极的"自动思维"所困。与此同时，阿尔伯特·艾利斯发展出类似的理性情绪行为疗法，鼓励患者以理性思维面对困难，而非被非理性消极想法支配。艾利斯和贝克后来融合认知主义和行为主义思想，发展出认知行为疗法（CBT），该疗法已被证明对多种精神障碍有效。CBT基于这样的理论：问题并非源于情境本身，而是源于我们如何解读这些情境，以及由此产生的感受和行为。

环钻术在石器时代首次用于治疗精神疾病。当时，医生会在患者头部钻孔以"释放邪灵"。

参见：第98~99页、第110~111页

◉ 积极改变

认知行为疗法聚焦当前的问题，而非深究过去。通过审视问题并将其分解成更小的部分，患者能够以更积极的方式应对他们的问题。

虚拟现实的应用

认知行为疗法在治疗特定恐惧症（如蜘蛛恐惧或飞行恐惧）方面尤为成功。传统上，治疗师会引导患者改变对恐惧对象的认知，并逐步接触恐惧源。现代计算机技术使患者能够在虚拟现实中体验恐惧对象，为现实接触做好准备。

别担心，开心点！

传统心理学研究多聚焦于心理异常和心理障碍。然而，20世纪末，许多心理学家转向更为积极的研究方向，探索如何实现幸福和充实的人生。

找到你的幸福之源。

美好生活

> 幸福需要主动追求。不要仅仅回避不快，更要积极寻找快乐。

参见：第98~99页、第112~113页

这一转变始于心理治疗领域。一些采用弗洛伊德精神分析方法的心理治疗师开始质疑单纯关注心理障碍的治疗模式是否有所帮助。他们主张将重点转向心理健康及其实现途径。亚伯拉罕·马斯洛是这一新视角的先行者之一，他呼吁停止将人们视为"症状的集合体"，而应关注其积极品质。埃里希·弗罗姆（E rich Fromm）也认为，通过发掘个人潜能并在生活中获得满足感，可以克服许多心理问题。卡尔·罗杰斯（Carl Rogers）是这一理念的杰出代表，他提出以个体为中心的治疗方法，帮助人们实现美好生活——一种不仅快乐而且充实的生活状态。在他看来，心理健康不是固定状态，而是通过自我发现、成长和充实生活实现的动态过程。

> 美好生活的过程意味着全身心地投入到生活的洪流中去。
>
> 卡尔·罗杰斯

追求幸福

从治疗心理障碍到追求"美好生活"的转变，催生了"积极心理学"运动。马丁·塞利格曼（Martin Seligman）是这一领域的领军人物。他指出，为了过上幸福的生活，我们必须知道什么让我们感到幸福。通过分析幸福和充实的人的生活，他确定了三个基本要素：首先是"快乐的生活"，即我们通常理解的追求愉悦的生活和社交；其次是"美好生活"，通过发挥个人才能实现自我成长；最后是"有意义的生活"，即为他人或崇高事业奉献。塞利格曼认为，真正的幸福需要这三者的平衡。

沉浸在自己的世界里

当音乐家们全身心投入演奏时，他们往往能够达到一种忘我的境界——仿佛与周围世界隔绝，完全沉浸在音乐的海洋中。

入迷是步入另一种现实的第一步。

米哈里·契克森米哈伊

仅存在于音乐或艺术等创造性活动中，任何具有适当挑战性的任务都可能引发这种体验。它所产生的强烈愉悦感不仅能让我们的休闲活动变得有意义和有价值，也能让我们的工作变得如此。

心流状态

匈牙利心理学家米哈里·契克森米哈伊（Mihaly Csikszentmihalyi）研究了那些感到幸福充实的人群。他发现，尽管人们从不同事物中获得满足，但当他们全神贯注于所做的事情时，都会体验到一种相似的状态——一种超越时间，平静、专注、忘我的感觉。契克森米哈伊将这种状态称为"心流"状态，类似于音乐家演奏时的忘我境界。心流状态不

善举的力量

2005年的一项研究表明，善举能显著提升幸福感。该研究要求学生在六周内每周完成五件善举，可以选择每天一件或一天内完成五件。结果显示，每天完成一件善举的学生幸福感略有提升，而一天内完成五件善举的学生幸福感提升了40%。

光照疗法

心理学研究表明，无论是自然阳光还是人造光源，都能有效缓解季节性情感障碍（SAD）的症状，如疲劳、压力和情绪低落。SAD被认为与冬季日照时间减少有关。

面部表情中那些细微、无意识的变化，即"微表情"，往往能揭示隐藏的情绪。安全专家通过识别这些微表情来判断一个人是否在说谎，例如，安全机构就会利用它来试图甄别出恐怖分子。

微表情

差异心理学

在实际生活中的应用

研究证实，定期锻炼能增强抗抑郁药物的疗效。运动能刺激人体释放内啡肽——天然的"快乐激素"。与饮酒等不良习惯相比，运动是一种更健康的减压方式。

运动抗抑郁

开放心态

心理学家发现，保持开放和灵活的心态往往能带来更多机遇。那些愿意在生活、感情和事业上适度冒险的人，通常比过于谨慎的人更容易获得满足感和快乐。

心理学家开发的人格测试工具能帮助学生选择适合的职业方向。这些测试常与面试相结合，帮助企业筛选出性格特质与岗位要求相匹配的人选。

职业匹配

营销心理学

广告商深谙人类基本需求（如爱与安全感）的营销之道。例如，香水广告常暗示该产品能提升异性吸引力，而保险公司则强调其产品能为家人提供安全保障。

我们每个人都拥有独特的性格特征和能力禀赋，有些人还可能面临抑郁症、精神分裂症等心理疾病的困扰。通过深入研究这些个体差异，心理学家不仅能够帮助人们解决心理问题，还能指导我们追求更快乐、更充实的人生。

改变习惯

为什么有些人难以戒除烟瘾？研究表明，尽管多数吸烟者都有戒烟意愿，但他们往往将某些情境（如社交场合或压力时刻）与吸烟行为建立了牢固联系。改变这些情境关联，戒烟就会变得相对容易。

与普遍认知不同，心理学家发现人类存在多种智力类型。有些人在考试中表现平平，却在其他领域展现出非凡才能。例如，某些精于概率计算的赌客（此处指擅长数学计算者）可能早早辍学，却能在脑海中完成复杂的数学运算。

多元智能

我该如何融入？

你会从众吗？

为什么好人会做坏事？

别这么自私！

态度问题吗？

说服的力量

是什么让你愤怒？

你处于群体之中吗？

怎样打造一个成功的团队？

你能在压力下表现出色吗？

男孩和女孩的思维方式一样吗？

人们为什么会坠入爱河？

社会心理学研究我们与他人互动的方式，我们作为群体一员的行为表现，以及他人对我们的影响。除了我们在工作、娱乐和个人生活中如何与他人相处，其还包括研究我们的态度和行为是如何受到社会影响的。

你会**从众**吗？

我们的行为在很大程度上受到周围人的影响。我们属于不同的社会群体，比如朋友和家庭，同时也身处更广泛的社会之中。虽然我们倾向于相信自己是独立的个体，但实际上常常会感受到来自这些群体的意见压力，这种压力可能促使我们选择从众。

> ## 食人族部落的成员认为食人行为是完全恰当合理的。
>
> 所罗门·阿施

从众心理

社会心理学致力于探究群体对个体思想和行为的影响机制。大量研究表明，人类天生具有顺应群体意见的倾向，这一现象在多项经典实验中得到验证。1932年，詹尼斯（A.Jenness）进行了一项开创性实验。他首先让参与者单独估计瓶中豆子的数量，随后组织群体讨论，最后再次收集个人预估。结果显示，所有参与者都调整了初始预估，使其更接近群体共识。所罗门·阿施设计了另一项经典实验。他将不知情者安排在由实验助手（伪装成普通参与者）组成的群体中。当被要求判断线条长度时，助手们先给出正确答案，随后故意提供明显错误的答案。实验结果令人深思：约1/3的不知情者在多数情况下选择顺从错误答案；3/4的参与者至少有一次屈从于群体压力，即使正确答案显而易见，从众行为依然普遍存在。

来自群体的压力

在实验后的采访中，那些不知情的参与者都表示，在实验过程中他们感到不自在和焦虑，主要源于对群体认同的担忧。多数参与者能够明确意识到个人判

> 从众也有积极影响，证据表明，吸烟者往往成群戒烟，

随大流 ➡

在阿施的实验中，参与者被要求判断卡片右边哪一条线（*A*、*B*或*C*）与卡片左边的线长度相同。然而，很多人给出了与其他人相同的答案，即使他们知道那是错误的。

断与群体意见存在分歧；部分参与者尽管知道群体意见有误，但仍然选择从众，以免让自己显得与众不同；还有一些参与者则表示，他们开始怀疑自己的判断，转而认同群体意见。这些实验结果表明，个体在群体环境中会面临显著的社会压力。这种压力主要源于两个相互矛盾的心理需求：一方面，人们渴望获得群体认同，即使内心持不同意见，也倾向于选择从众以获得归属感；另一方面，个体又需要维持自我认知的一致性，这种矛盾往往导致人们通过寻求外部确认来验证自身观点，从而可能动摇原有的判断。

连锁反应

观众掌声的动态也揭示了我们从众的需求。瑞典的科学家发现，只需要一两个人就可以开始或停止一轮掌声，因为人们感受到了一种跟随他人的社会压力。这种加入趋势的倾向也解释了为什么人们会追随热门故事或在社交媒体上加入群组。

坚持自我

研究表明，个体并非总是屈从于群体压力。在阿施的经典从众实验中，约有25%的参与者始终保持独立判断。后续研究进一步揭示，当采用书面作答或匿名方式时，坚持己见的人数显著增加。值得注意的是，若群体中出现异议者，从众率会大幅降低。跨文化研究显示，集体主义文化（如亚洲、非洲）中的从众倾向显著高于个人主义文化，这与社会文化对群体认同的重视程度密切相关。

哪一条线与第一条线的长度相同？

A B C

A

A

B

A

为什么好人会做**坏事**？

人类具有实施极端暴力和残忍行为的潜在可能，这一现象在那些平日品行端正的普通人身上同样存在。当面对道德指控时，他们往往将行为归因于环境压力或上级指令。这一矛盾现象引发了心理学界的持续关注。

一个令人震惊的实验

纳粹在第二次世界大战期间的暴行引发了心理学家的深思：是否只有特定类型的人才会做出如此可怕的行为，还是在相似的情境下，我们大多数人都有可能重蹈覆辙？两项著名且备受争议的实验给出了令人不安的结论。其中，斯坦利·米尔格拉姆（Stanley Milgram）的实验聚焦于人们对权威的服从程度。他招募了一些男性参与者，每人支付4.5美元作为报酬，让他们参与一项关于学习的研究。每位参与者都被介绍给一位名叫华莱士的先生，他伪装成另一位患有心脏病的参与者。通过抽签，他们分别扮演"老师"和"学习者"的角色（实际上，抽签过程被暗中操控，确保真正的参与者总是担任"老师"一角），然后进入相邻的房间。随后，"老师"需要向"学习者"华莱士提出一系列问题，并根据"监督员"的指示，对每个错误答案施以逐渐增强的电击惩罚（实际上，电击并未真正发生）。如果"老师"犹豫不决，

> 如果权威人物穿着制服，尤其是警服，我们更有可能服从其命令。

"监督员"会命令他继续。起初，华莱士先生因电击而发出痛苦的呻吟。随着电压的升高，他开始抱怨，继而大声抗议。当电压达到315伏特时，他发出了剧烈的尖叫。而超过330伏特后，房间里一片死寂。

在命令之下

米尔格拉姆发现，所有参与者都施加了高达300伏特的"电击"，且有大约2/3的人甚至施加了450伏特或更高的电压。尽管他们也表现出痛苦和挣扎，但仍觉得自己必须服从"监督员"的命令。米尔格拉姆解释说，我们从小就被教导要尊重和服从权威。然而，在面对违背良心的要求时，我们可以

我知道这是错的……

> ## 人们往往会按照他人的指示行事。
> 斯坦利·米尔格拉姆

选择拒绝服从，也可以选择盲目地遵循命令。正是这种对命令的盲目服从，可能让原本善良的人做出可怕的行为。

我还
这么
好。

角色扮演

斯坦利·米尔格拉姆的实验揭示了人们倾向于服从权威的心理倾向，而菲利普·津巴多（Philip Zimbardo）则进一步探究了社会环境如何塑造我们的行为选择。津巴多在斯坦福大学开展了一项著名的实验——斯坦福监狱实验。他设计了一个模拟监狱环境，并随机挑选了24名学生，分别让他们扮演"囚犯"或"狱警"的角色。实验的结果令人震惊：参与者们迅速融入了各自的角色中，狱警们变得权威且充满攻击性，而囚犯们则显得被动且顺从。在后续的访谈中，"狱警"们坦言，制服、警棍和手铐等象征权力的物品让他们感受到了前所未有的力量，而"囚犯"们则纷纷表示感到无力且备受屈辱。津巴多据此得出结论，我们都有一种顺应社会期望扮演特定角色的倾向，而社会力量则可能驱使我们中的任何人做出违背道德或法律的行为。

参见：第28~29页、第108~109页、第134-135页

许多人目睹了所发生的一切，却选择了沉默。

菲利普·津巴多

医生的指示

在一项实验中，一名实验者假扮成医生，通过电话向22名护士发出指示，要求她们给一位病人注射20毫克的药物，并承诺稍后会在处方上签字。尽管配药通常需要书面授权，且该药物的安全剂量上限为10毫克，但令人惊讶的是，仍有21名护士遵循了这位"医生"的指示（实际上，该药物并无害处）。然而，在另一组讨论该实验的护士中，除了一人外，其余所有人都明确表示，她们不会给病人注射如此高剂量的药物。这一对比鲜明的结果再次凸显了权威对个体行为选择的深刻影响。

别这么**自私!**

人们总是以各种方式互相帮助，无论是让座给需要的人，还是向慈善机构慷慨解囊。然而，尽管这些善行看似完全是为了他人的利益，但它们可能并非毫无私念。也许真正的无私——即不求任何个人回报地慷慨相助——在这个世界上真的难以寻觅。

我能从中得到什么？

心理学家们对于人类是否能真正做到无私存在着分歧。一些人坚信，帮助他人，特别是家人和社交圈内的人，具有保护我们同类、促进种族繁衍的进化功能。而另一些人则主张，我们所有的助人行为其实都源于自私的动机，因为这能让我们自我感觉良好，提升我们的社会形象；或者，这仅仅是一种减轻我们看到他人处于困境时内心痛苦的方式。然而，丹尼尔·巴森（Daniel Batson）并不认同所有助人行为本质上都是自私的这一观点。他认为，我们拥有同情他人的情感，如同情心和温柔，这些情感会激发我们真正想要减轻受害者痛苦的愿望。由于我们都能体验到这种同情，因此我们都具备展现无私行为的能力。

> 人们更有可能在心情愉悦的时候去帮助别人。但如果助人行为可能会破坏他们的好心情，他们往往会犹豫不决。

旁观者效应

一起残忍的谋杀案首次激发了心理学家对助人行为的研究兴趣。1964年，在纽约发生的凯蒂·吉诺维斯被刺事件中，38名目击者竟无人伸出援手，事后仅有一人报警。公众对此事件感到震惊不已。然而，包括菲利普·津巴多在内的心理学家解释说，这正是因为目击者人数众多，导致了责任分散。这一现象后来被称为"旁观者效应"——即旁观者越多，他们感到自己介入的义务就越少。约翰·达利（John M. Darley）和比布·拉塔内（Bibb Latané）通过实验验证了这一观点，他们探究了群体规模对

> **对处于困境中的人产生同情会激发我们助人的动力。**
>
> 丹尼尔·巴森

参与者帮助明显癫痫发作的人或报告房间内有烟味意愿的影响。实验结果表明，群体规模越大，有人采取行动的时间就越长。

你会帮助陷入困境的人吗?

参见: 第146~147页

迷失于人群之中

研究表明，如果身处人群之中，人们往往不太愿意向他人伸出援手。但丹尼尔·巴森认为，我们理解和共情他人感受的能力，即我们的同情心，应当成为克服这种不作为倾向的强大力量。

> **当不同人目睹紧急情况时，都以为别人会伸出援手。**
>
> 菲利普·津巴多

利弊分析

达利和拉塔内提出，面对求助情境，旁观者会经历一系列决策过程。在采取行动前，他们需依次在五个环节给予正面反馈：首要是察觉到事件的发生，接着将其解读为需要援助的情形，并主动担责。之后，他们需选定一种援助方式，并最终将其付诸实践。若在此过程中的任一环节出现消极态度，则意味着旁观者将不会伸出援手，这合理解释了为何多数人选择旁观，而非积极助人。随后，达利和拉塔内的理论得到了进一步的发展，融入了巴森关于同情心的见解以及帮助行为潜在成本与收益的分析。他们将这一决策过程精炼为两个阶段：首先是情感唤起阶段，即旁观者会对受害者的痛苦和需求产生情感共鸣；紧接着是成本与收益评估阶段，旁观者会权衡介入的利弊。这往往是一个棘手的选择，其结果受所需援助类型及受害者身份等多重因素影响。该理论模型得到了实验研究的有力支撑。在这些研究中，实验者假装在纽约地铁列车上晕倒，部分人手持拐杖，模拟残疾人，而另一部分人则携带装有瓶子的棕色纸袋，模拟醉酒者。结果显示，90%的"残疾"实验者得到了帮助，而"醉酒"实验者仅获得20%的帮助。在评估现场情况后，旁观者可能认为醉酒者不值得帮助，或者认为提供援助的弊端超过了其带来的益处。

好撒玛利亚人实验

学生们被要求就"好撒玛利亚人"（乐善好施的人）这一主题进行演讲。当他们到达时，一些人被告知他们迟到了，一些人被告知他们来得刚刚好，还有一些人被告知他们来早了。他们被指引到一个房间，途中经过一个躺在门口、表情痛苦的男子。在那些匆忙赶路的学生中，只有10%的人提供了帮助，相比之下，那些稍显匆忙的学生中有45%的人提供了帮助，而那些有足够时间的学生中则有63%的人提供了帮助。那些匆忙的学生可能认为，提供帮助不值得冒迟到的风险。

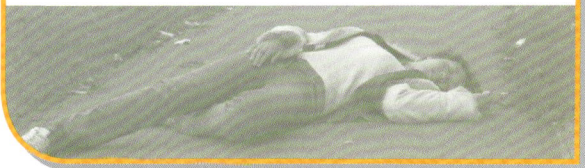

人物传记:

所罗门·阿施

1907—1996

1920年,年仅13岁的所罗门·阿施与家人从波兰华沙移民至美国纽约。在获得科学学位后,他在格式塔心理学大师马克斯·韦特海默(Max Wertheimer)的指导下取得心理学博士学位。阿施继续了其导师在格式塔心理学领域的研究工作,并在美国多所大学任教,成为社会心理学领域的先驱之一。他最为人所知的研究成果是关于从众行为的研究。

宣传策略

二战结束后,阿施深入研究了战争双方的宣传策略。当时主流观点认为,宣传的效果主要取决于信息发布者的权威性。然而,阿施提出了独到见解,他认为,人们并非盲目接受权威信息,而是会结合信息发布者的身份,对内容进行理性分析和判断。

隐藏的相机

为研究人们的从众行为,阿施与电视节目《隐藏的相机》合作进行了一项经典实验。实验人员在电梯内安排多名知情者,当不知情乘客进入后,所有人统一转身背对电梯门。结果显示,面对群体行为,大多数乘客都会选择跟随,转身面向电梯后方。

初到纽约时,阿施的英语水平有限。他通过阅读查尔斯·狄更斯的作品自学英语。

印象形成研究

阿施对人际印象的形成机制也进行了深入探索。在一项开创性研究中,他向参与者提供虚构人物的特征描述。研究发现,仅仅改变其中一个关键特征(如将"热情"替换为"冷漠"),即使其他特征保持不变,也会导致参与者对目标人物形成截然不同的整体印象。

"人类的**心灵**是一个发现**真理**而非**谬误**的**器官**。"

隐喻

在研究印象形成的过程中，阿施对我们用以描述特征的语言产生了浓厚的兴趣。他观察到，人们不仅使用"冷"、"暖"、"甜"和"苦"等词汇来描述物理事物，还巧妙地运用它们来描绘人格特质。通过深入探究世界各地古老与现代语言中的类似修辞表达，阿希发现这些表达方式实际上映射出我们理解和把握人物特性的方式。

态度问题吗？

年轻人是不负责任的……

……但我如果想要完成工作，就必须与这个年轻人合作。

我们的态度，特别是对他人和思想的看法，往往源于根深蒂固的信念。这些态度一旦形成，便难以改变——尽管每个人的可塑性程度有所不同。态度确实影响着我们的行为，但有时我们会出于社交压力而表现出与内心真实想法不一致的行为。

什么是态度？

态度是我们对事物（例如他人及其想法和信仰）所持有的总体评价和看法，它超越了我们对这些事物在某一瞬间的直观感受。社会心理学家丹尼尔·卡茨（Daniel Katz）曾阐述，我们对某一事物的态度，实际上是我们与之相关的联想、其内在特性，以及我们如何评估这些特性的积极或消极性质的综合结果。举例来说，我们或许认为年轻人富有冒险精神，而老年人则倾向于谨慎行事，但我们对他们的态度实际上取决于我们如何评判这些特性的好坏。我们的态度深受所处社会环境的影响，塑造态度的信念和价值观往往源于我们所成长的文化背景，以及我们所属的各种群体（如宗教团体或政治组织）的规范。我们倾向于模仿并遵循这些规范。根据卡茨的观点，态度具备多重功能。当它得到社会的广泛认可时，能帮助我们赢得他人的赞同。同时，它还能使我们对事物做出一致的判断，表达个人观点，并在面对反对意见时捍卫自己。例如，不擅长体育的学生可能会对体育活动持消极态度，以此来保护自己免受挫败和羞辱。

人们在用餐时与他人交流，往往会更容易对其产生好感。

态度与行为

自然而然地，我们对某事物的感受会左右我们的行为。例如，对政治的态度会影响我们的投票倾向，可能也会影响我们选择阅读的报纸类型，甚至决定我们的交友标准。此外，它还会影响我们与持有不同观点的人交往的方式。然而，态度并不总是能够准确预测一个人的实际行为。在某些情境下，人们可能会做出与自己内心观点相悖的事情，因为他们觉得有必要顺应他人的看法，或是服从权威。当人发现自己的态度不被周围人接受时，他们可能会感受到来自社会的压力，迫使他们以某种特定的方式行事。但这并不等同于他们的态度发生了改变。态度反映的是人们的想法和感受，而非他们的实际行动。

老年人很无聊……

……但如果我想要这份工作，我就得对这个老家伙客气点。

◀ **内心冲突**
有时，人们表面上相处融洽、相互尊重，但这并不意味着他们内心深处也有同样的感受。

态度是信念与价值观的结合体。
丹尼尔·卡茨

固步自封？

我们发现，相较于改变自身的思维方式和感受，外在的顺从与隐藏个人观点似乎来得更为轻松。那么，人们是否真的能够改变他们的态度呢？由于态度是根植于我们长期形成的信念和价值观之中的，因此它往往根深蒂固，难以撼动。特别是当我们把这些态度当作防御手段，用来抵御相反观点的冲击时。一旦这种做法走向极端，就可能导致对人和观念的偏见与歧视，甚至让我们滋生一种莫名的优越感。然而，正如态度是在特定的社会环境中，基于我们所属社会群体的规范而逐渐形成的，它同样也会随着我们进入不同的社交圈，或者随着我们群体态度的变化（这种变化是随时间推移而自然发生的）而发生改变。例如，回溯到200年前，大多数人接受奴隶制的存在，因为这在当时是被社会广泛认可的态度。但随着社会的不断演进，人们的态度也随之发生了转变，如今几乎没有人再会认为自己能够支持奴隶制的观念了。

黑与白

20世纪50年代的美国南方，对黑人的偏见是社会常态。但心理学家在对矿工进行研究时发现，地下的社会规则却截然不同。在矿井工作时，80%的白人矿工与黑人矿工成为朋友，但当他们回到地面时，只有20%的白人矿工继续与黑人矿工保持友好关系。这些白人矿工在地下和地面遵循着不同的社会规则。

说服的**力量**

在日常生活中，很多人试图改变我们的观点。朋友可能试图说服我们去做某件事或思考某个问题，广告商则努力向我们推销产品，政治家和传教士也希望能影响我们的思想。这些不同的源头，尽管目的各异，但都采用了相似的说服技巧。

参见：第74~75页

传达信息的关键

当我们身边的人试图改变我们的想法时，他们往往会提出合理的论据来支持自己的观点。然而，说服并不仅仅依赖于逻辑。我们是否喜欢这个人、是否认同他人的观点，以及改变想法可能带来的潜在好处，同样会影响我们的决策。广告商和公众人物在说服他人时，也面临着同样的挑战。有力的论据只是说服过程的一部分，更重要的是，信息必须兼具情感吸引力和逻辑说服力，并且来源于一个可靠、值得信赖的源头。被说服者还需认为该信息与自身息息相关，并对新想法感到自在，不能与其深信不疑的观念产生冲突。

> 在对话中使用某人的名字，会让对方更喜欢你并信任你。

行业的智慧

20世纪，随着心理学家对态度改变机制的理解日益深入，广告商开始更多地运用说服心理学来推销产品。行为主义心理学家约翰·华生在失去大学教职后，转战广告界，利用自己的心理学知识为各种产品打开市场。广告商早已深知，仅仅展示一款优质产品是不够的。华生则提出了说服消费者的新方法，他认为有效的广告应该能够激发人们的情感反应，如爱、恐惧或愤怒。例如，广告可能会暗示某款产品能让你更具魅力，或者强调有机食品的安全性优于加工食品。华生还开创了产品代言的先河，利用医生和名人的影响力为广告增添权威性，并通过市场调研来系统了解人们对新产品的接受程度。

对未知的恐惧

人们对自己熟悉的事物感到更加自在，而对于新观点往往会感到不安，尤其是当这些观点与他们自己的观念相冲突时。社会心理学家罗伯特·扎荣茨（Robert Zajonc）向人们展示了不同的符号，并发现他们看到一个特定符号的次数越多，就越喜欢这个符号。反复接触会使我们对事物感到更加自在，并且我们对它的态度也会发生变化。

恭财

操控心智

其他专业人士也运用同样的技巧，不过他们的目的不是推销产品，而是推销观念。例如，政治和宗教团体需要说服人们接受他们的观念，并招募新成员。恐惧是一种特别有力的改变人心的工具——比如在健康宣传活动中，敦促人们戒烟。但恐惧也可能被用来宣扬极端观点。在一项关于20世纪30年代和40年代纳粹宣传的研究中，詹姆斯·布朗（James A. C. Brown）指出了恐惧如何被用来操控人们的思维。宣传利用人们害怕与众不同的心理，限制人们的选择，用单一的观点取代逻辑论证，将这个观点呈现为不容置疑的事实，并经常将一个刻板的"敌人"（在这种情况下是犹太人）作为替罪羊。一位有魅力的领袖，如阿道夫·希特勒（Adolf Hitler），会将这些观念作为情感口号反复宣扬，有效地对人们进

行"洗脑"或灌输。其他暴政政权和邪教也使用了同样的技巧。但说服的力量也可以是积极的：在认知行为疗法中，它有助于改变那些可能对个人心理健康造成破坏的不良态度。

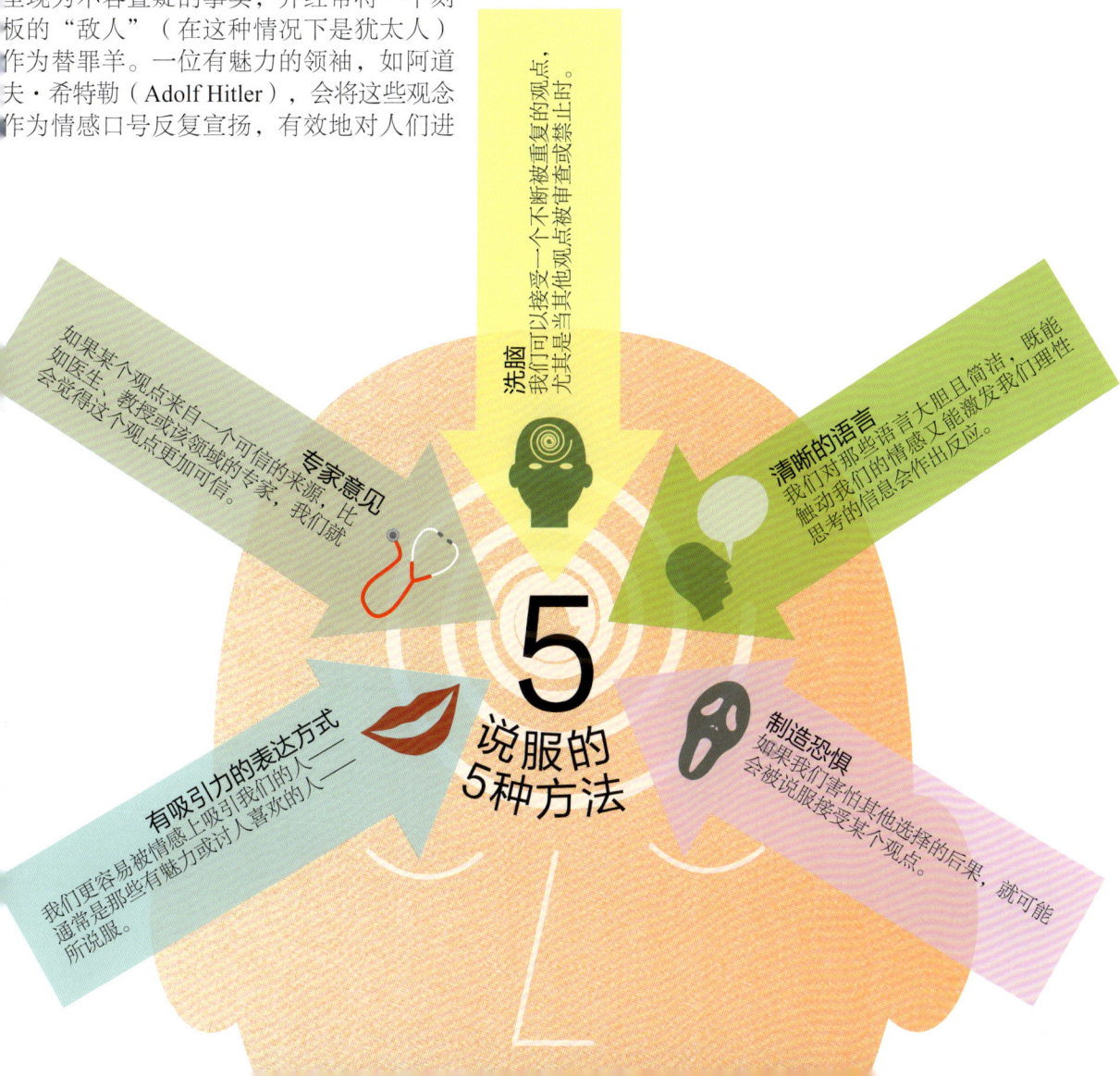

> **对孤立声音的恐惧使人们渴望融入群体。**
>
> 詹姆斯·布朗

洗脑
我们可以接受一个不断被重复的观点，尤其是当其他观点被审查或禁止时。

清晰的语言
我们对那些语言大胆且简洁，既能触动我们的情感又能激发我们理性思考的信息会作出反应。

专家意见
如果某个观点来自一个可信的来源，比如医生、教授或该领域的专家，我们就会觉得这个观点更加可信。

有吸引力的表达方式
我们更容易被情感上吸引我们的人——通常是那些有魅力或讨人喜欢的人——所说服。

制造恐惧
如果我们害怕其他选择的后果，就可能会被说服接受某个观点。

5
说服的5种方法

是什么让你愤怒？

愤怒是人类的基本情绪之一，也是我们时不时会感受到的情绪。它可能源自我们内心的挫败感，也可能由外部环境中的某些事物所触发。与其他情绪一样，我们对愤怒的控制力是有限的——它随时会爆发出来，表现为对他人的攻击性。

> **侵略**总是挫败的结果……
> 而**挫败**总是导致侵略。
>
> 约翰·多拉德和尼尔·米勒

参见：第26~27页、第92~93页

内心的愤怒

相较于其他动物，人类已学会更有效地控制自身的愤怒与攻击性，尽管许多心理学家认为这些情绪仍是人性不可或缺的一部分。有人持悲观论调，认为我们本质上自私，倾向于利用攻击性来攫取权力和优势。康拉德·洛伦茨（Konrad Lorenz）则将攻击性视作一种具有进化意义的本能，它帮助我们守护家人、资源与领地免受他人侵犯。西格蒙德·弗洛伊德则进一步将这种本能与自我毁灭的冲动相联系，指出我们内心积压的

> 研究表明，穿黑色运动服的球队犯规次数更多。

愤怒，一旦累积至临界点，可能会引发对他人的暴力行为。然而，尽管愤怒与攻击性可能是人性中固有的部分，阿尔伯特·班杜拉却提出了不同的见解。他认为，我们表达愤怒与攻击性的方式——即攻击性行为——是社会学习的结果。在他著名的波波玩偶实验中，班杜拉证明了儿童会模仿成人的攻击性行为，这引发了人们对暴力电影、电视节目及电脑游戏可能诱导攻击性行为的担忧，特别是它们对年轻人的潜在影响。

多么令人沮丧

美国心理学家约翰·多拉德（John Dollard）和内尔·米勒（Neal E. Miller）对攻击性行为的原因产生了浓厚的兴趣。他们提出，当个体无法实现某个目标时，往往会表现出攻击性。人们因努力受阻而感到沮丧，并将这种攻击性指向任何阻碍他们的事物。有时，若无人对他们的沮丧负责，或问题源于自身的无能，攻击性便会转向一个无辜的目标，这种现象被称为"替罪羊"效应。起初，多拉德和米勒认为沮丧总是会导致攻击性，但随后他们完善了理论，指出沮丧的程度和情境对攻击性的影响存在差异。具体而言，当沮丧出乎意料地出现，且看似由莫名其妙的原因或出于恶意的人造成阻挠时，更有可能激发攻击性行为。

暴力的象征

伦纳德·伯科维茨（Leonard Berkowitz）的研究揭示了一个引人深思的现象。实验中，一半的参与者首先体验了电击。之后，他们被允许进行报复，即对他人实施电击。值得注意的是，实施电击的房间内特意放置了不同的物品：一把枪或一个羽毛球拍。不出所料，那些先前受过电击的参与者更可能选择电击他人。而那些既遭受过电击又在房间内看到枪的参与者，展现了最为极端的电击行为。

危险的导火索

然而，伦纳德·伯科维茨（Leonard Berkowitz）指出，挫折并不能完全解释攻击性行为。他认为，挫折引发的是愤怒情绪，而非攻击性本身。愤怒只是众多可能导致攻击性行为的心理痛苦形式之一。无论是身体上的疼痛还是心理上的困扰，任何形式的痛苦都可能激发我们的攻击性倾向。但还需要一个外部因素的介入，即一个触发点或导火索，来促使我们采取攻击性行为（参见左侧"暴力的象征"）。伯科维茨强调，我们往往会将攻击性行为与某些特定事物建立联系，例如武器。当这些

手指扣动扳机，但扳机也可能在牵引手指。

伦纳德·伯科维茨

触发点出现在我们的环境中时，它们会在我们的脑海中唤起攻击性的念头和情绪，进而可能因我们的不适感而触发暴力或攻击性行为。

一触即发 ➔

我们会在受挫时感到愤怒，同样也会在接触到某些导火索时怒火中烧。这些导火索可能包括显而易见的物品，如武器，也可能是嘈杂的噪声、难闻的气味或不舒适的温度等。

令人烦躁的噪声

看到一把枪

闻到臭味

输了比赛

交通堵塞

我们因为各种各样的原因爆发：

人物传记：

斯坦利·米尔格拉姆

1933—1984

斯坦利·米尔格拉姆（Stanley Milgran）出生于美国纽约市，父母分别是匈牙利籍犹太面包师和罗马尼亚裔移民。他自幼成绩优异，在哈佛大学获得社会心理学博士学位之前，曾专注于政治学研究。20世纪60年代，他在耶鲁大学任教期间，因其开创性的服从性实验而声名大噪。1984年，在担任纽约城市大学教授期间，他因心脏病突发逝世。

制造争议

在米尔格拉姆最著名的实验中，参与者被要求向答错问题的"学习者"施加电击。许多参与者遵照指令，甚至逐渐加大了电击的强度。这表明，在权威或指令的驱使下，大多数人可能会不自觉地遵循指示行事。尽管实验中的电击是假的，但参与者相信自己正在伤害他人，这使得该实验极具争议性。

丢失的信件

米尔格拉姆及其团队曾进行了一项独特的实验，以探究人们的态度倾向。他们故意在公共场所留下了已盖章但未寄出的信件，这些信件分别指向不同的组织——一些是广受尊敬的机构，如医学研究协会；另一些则是备受争议的团体，如纳粹党之友。人们是否选择将这些信件投入邮筒，无疑成为了他们对这些组织态度的真实写照。

走失的孩子

米尔格拉姆曾设计了一项实验，他安排了一个看似迷路的孩子在美国的街头徘徊，以此观察路人的援助意愿。这个孩子会向路人求助："我迷路了，你能帮我打个电话回家吗？"实验结果显示，不同地区人们的反应大相径庭。在小城镇，人们普遍展现出同情之心，高达72%的人愿意伸出援手。然而，在大城市中，许多人却对孩子的求助置若罔闻，只有不到一半的人试图提供帮助，甚至还有人会刻意避开孩子。

米尔格拉姆在高中时期的一位同学，正是后来同样备受瞩目的社会心理学家菲利普·津巴多（Philip Zimbardo）。

"对**权威**盲目服从所导致的**最深远**后果，便是**责任感**的消失。"

不良的影响？

在另一项关于电视对反社会行为潜在影响的研究中，米尔格拉姆向参与者播放了医疗剧《医疗中心》的一集。不同组别观看的版本在结局上存在差异：一个版本中，主角选择了偷窃；而另一个版本中，他将钱捐赠给了慈善机构。随后，米尔格拉姆将参与者置于与剧中相似的情境中，以观察他们是否会模仿剧中人物的行为。实验结果显示，大多数人，即便是观看了偷窃场景的人，也并未实施偷窃行为。

你处于**群体**之中吗？

人类作为社会性动物，往往会组成群体来完成个人难以独自完成的任务。这些群体中，有些是由志同道合的人聚集而成，有些则是由观点各异的人组成。无论哪种情况，为了高效运作，群体成员必须在行动方案上达成一致，并保持团结。

> 构成群体的不是个体的相似性或差异性，而是命运的相互依存。
>
> 库尔特·勒温

合作的力量

库尔特·勒温（Kurt Lewin）是最早研究群体形成的心理学家之一，他创造了"群体动力学"这一术语，用以描述群体及其成员的行为和发展。他的理论受到格式塔心理学的影响，该理论认为"整体大于部分之和"，这意味着群体能够实现个人无法单独完成的目标。然而，群体中的个体可能持有不同意见，为了协同工作，他们必须就共同目标达成一致，形成共识。即使在强调个人主义的西方社会，群体内部的共识也被视为至关重要，我们依赖陪审团和委员会等群体机构来做出公正和正确的决策。

> 我们独自思考时产生的创意，往往比群体讨论时更多。

群体思维的挑战

我们天生具有从众的倾向，这有助于群体达成一致并培养团队精神，但也可能带来负面影响。社会心理学家欧文·贾尼斯（Irving Janis）指出，这种从众需求可能导致个性的丧失。群体成员可能会觉得应该顺应他人的观点，当个体感受到接受群体决策的压力时，顺从和从众的现象就会出现。这种情况下，社会学家威廉·怀特（William H. Whyte）提出的"群体思维风险"就会出现，即从众的压力压制了独立的批判性思维。群体成员不仅会顺从群体决策，还可能开始相信这些决策总是正确的，有时甚至会一致赞同错误的决策。另一个风险是，成员可能开始相信自己的群体永远不会犯错，并且比其他群体更优越，这可能导致"内群体"与"外群体"之间的冲突。

允许异议

贾尼斯认识到了群体思维的问题，但他认为这个问题是可以避免的。当团队精神凌驾于个体意见之上时，群体思维最容易产生。如果群体最初由志同道合的人组成，并且面临艰难决策时，群体思维也更容易形成。为了防止群体思维，贾尼斯提出了一种鼓励独立思考的组织制度。群体领导者应表现出公正无私，以避免成员感受到从众的压力。此外，领

> 群体思维认为，群体价值观不仅便利，而且也是正确且有益的。
>
> 威廉·怀特

独立思考可能会被群体思维所吞噬。

大鱼、小鱼？

志同道合的人更容易组成群体。然而，一旦加入群体，成员可能会失去个性，盲目追随大多数人的意见，有时这会导致严重后果。

参见：第76~77页、第138~139页

导者应确保群体审查所有选项，并咨询外部意见。贾尼斯认为，异议实际上是一件好事，他建议让成员扮演"魔鬼代言人"——提出不同观点以激发讨论。除确保群体做出更理性和公正的决策外，还允许成员保持个性并创造一种比群体思维更健康的团队精神，因为群体思维往往源于从众和服从。

和我一伙

在20世纪50年代的一项实验中，穆扎费·谢里夫（Muzafer Sherif）将夏令营中的一群男孩分成两队。男孩们在不了解对方队伍的情况下，在自己队伍内部形成了紧密的联系。随后，两队被介绍认识，并在一系列比赛中展开竞争。所有男孩都认为自己的队伍比对方更优秀，两队之间出现了冲突的迹象。大多数男孩还表示，他们最好的朋友是自己队伍的成员，尽管在实验前，他们中的许多人都有对方队伍中的好朋友。

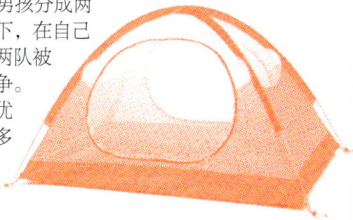

在各种情境下——无论是商业、政治还是休闲活动（如体育和音乐）——人们都需要以团队的形式合作。团队中的每个成员都需要协同工作，才能发挥最大效能，而团队的组织性越强，这种协同效应就越明显。在大多数组织中，某种形式的领导力也是必不可少的。

团队精神

当一群人共同完成任务时，重要的是每个成员都要协同工作，共同实现目标。库尔特·勒温（Kurt Lewin）是群体行为研究的先驱，他指出，为了像一个团队一样运作，每个人都必须觉得自己是团队中不可或缺的一部分。如果所有个体都意识到他们的福祉与整个团队的福祉息息相关，他们就更可能有效地承担起对团队的责任。为了让每个人都能作出贡献，需要根据成员的优点和缺点来组织他们。澳大利亚心理学家埃尔顿·梅奥（Elton Mayo）发现，工厂工人会非正式地自行组成小组，其中一个人会成为领导者，组织小组并培养"团队精神"。

而必须完成的事项；其次是群体需求，它要求领导者确保团队成员之间能够进行有效协作，共同解决问题，并妥善处理可能出现的争端；最后是个人需求，它指的是团队中每个成员各自的需求和期望。

一些管理者对他们的团队缺乏信任，认为团队成员天性懒惰，必须明确、详细地指示他们该做什么。

✕

怎样打造一个

其他层级结构可能更加正式，但所有结构都旨在让每个成员在团队领导的带领下展开合作，并在团队中找到自己的位置。

追随领导者

梅奥还发现，合作是人类的一种基本社交需求，对于个体而言，归属于某个群体往往比完成任何具体任务所获得的奖励都更为重要。为了让领导力发挥效用，它不仅要充分认识到团队成员的社交需求，还要确保他们能够高效地完成各自的工作。

自梅奥的研究以来，心理学家们进一步明确了领导者应当关注的三种不同需求。首先是任务需求，即为了实现工作目标

大约三分之二的员工表示，工作中最有压力的事情是他们的领导。

当权威不起作用时，不要减少或增加使用它。使用另一种影响手段。

道格拉斯·麦格雷戈

管理方式

领导者可以通过多种方式来激励团队成员共同完成任务。有的领导者倾向于采取权威领导方式，直接向下属发出明确指令，告诉他们应该做什么，不应该做什么。而另一些领导者则更加民主，他们会积极征求团队的意见，与团队成员共同决策。还有一些领导者则给予团队成员充分的自由，让他们根据

两种领导风格

参见：第136~137

另一些管理者则对他们的团队成员抱有充分的信任，认为他们既有积极性也有能力，因此倾向于放手让他们自主工作，很少对他们的具体工作进行干涉。

Y

成功的团队？

自己的判断执行任务。美国管理专家道格拉斯·麦格雷戈（Douglas McGregor）指出，领导者对团队的态度直接决定了其管理方式。他提出了商业领导领域的两种基本理论：X理论和Y理论。在X理论中，管理者假定员工是懒惰的、缺乏上进心的，并且不愿意承担责任，因此倾向于采用严格、权威的领导风格。然而，在Y理论中，管理者则假定员工是积极进取的、有抱负的，并且具有高度的自律性，因此更倾向于采用合作、共进的领导风格。虽然麦格雷戈的理论主要关注的是商业管理，尤其是人力资源管理领域，但这两种领导风格实际上在各种类型的团队中都能找到它们的身影。

霍桑效应

20世纪30年代，埃尔顿·梅奥（Elton Mayo）对芝加哥霍桑工厂的工人进行了深入研究。他惊奇地发现，当工厂提升照明水平时，工人的生产效率随之提高。然而，当照明水平被调低后，生产效率并未如预期般回落到原有水平，反而继续攀升；而当照明水平再次提升时，生产效率又一次实现了增长。深入探究后，梅奥得出结论：工人们之所以出现这样的生产效率变化，并非直接源于照明条件的改善，而是因为他们感受到了来自管理层和其他人的关注与重视，这种被关注的感觉激发了他们的工作热情和积极性。

在我们的众多休闲活动中，竞技运动和游戏占据了重要地位，不论我们是作为参与者还是观众参与其中。竞赛所带来的压力以及观众的注视，对于运动员能否发挥出最佳水平，可能起到助力作用，也可能适得其反。同时，身为团队的一员，也会对个人的表现产生影响。

你能在压力下表现出色吗？

竞争意识

诺曼·特里普莱特（Norman Triplett）是首批研究运动心理学的心理学家之一。19世纪末，他进行了一系列实验，以探究竞争如何对我们的表现产生影响。他发现，自行车手在与其他选手竞赛时，骑行速度明显快于独自计时的情况。为了进一步验证竞争是否能提升表现，特里普莱特设计了一项实验：他让孩子们要么独自转动卷轴以拉动绳子上的旗帜，要么两两分组进行竞赛。实验结果显示，孩子们在竞赛模式下总能更快地完成任务。基于这一发现，特里普莱特得出结论：我们天生具备竞争本能，这种本能如同一股驱动力，激励我们追求更佳的表现。

> 当我们团队获胜时感受到的喜悦，比输掉比赛时的沮丧更加持久。

观赏性运动

在运动心理学领域，其他心理学家也注意到了这样一个现象：参与者不仅在与其他人竞争时会表现出更佳的状态，即便只是与他人同时执行任务，甚至仅仅是处于被他人观看的状态下，他们的表现也会有所提升。高尔顿·奥尔波特（Gordon Allport）将这两种现象分别命名为"共同活动效应"和"观众效应"，他解释说，他人在场时，我们往往会做得更好，但这并不意味着只有在竞争环境下才会如此。然而，罗伯特·扎荣茨（Robert Zajonc）等人的研究发现，他人在场的影响并非一成不变。当我们执行已经熟练掌握的任务——简单的动作或已经反复练习过的技能，如将球轻松踢进球门——时，有他人在场确实会激励我们做得更好。但是，如果任务具有一定的挑战性，比如尝试一个高难度的射门动作，那么他人在场就可能产生截然相反的效果。面对挑战性任务，我们需要高度集中注意力，而观众的注视很容易使我们分心，从而可能导致表现不佳。

蟑螂赛跑实验

不仅人类会受到观众的影响，昆虫世界也同样如此。1969年进行的一项针对蟑螂的实验揭示了这一有趣的现象。实验发现，当有其他蟑螂在场时，蟑螂在迷宫中寻找路径的能力会受到影响，表现得比独自一人时更为困难。然而，在直线奔跑这一相对简单的任务中，蟑螂在有其他同类在场时的表现却更为出色。

观众的存在会阻碍学习，但会促进表现。

罗伯特·扎荣茨

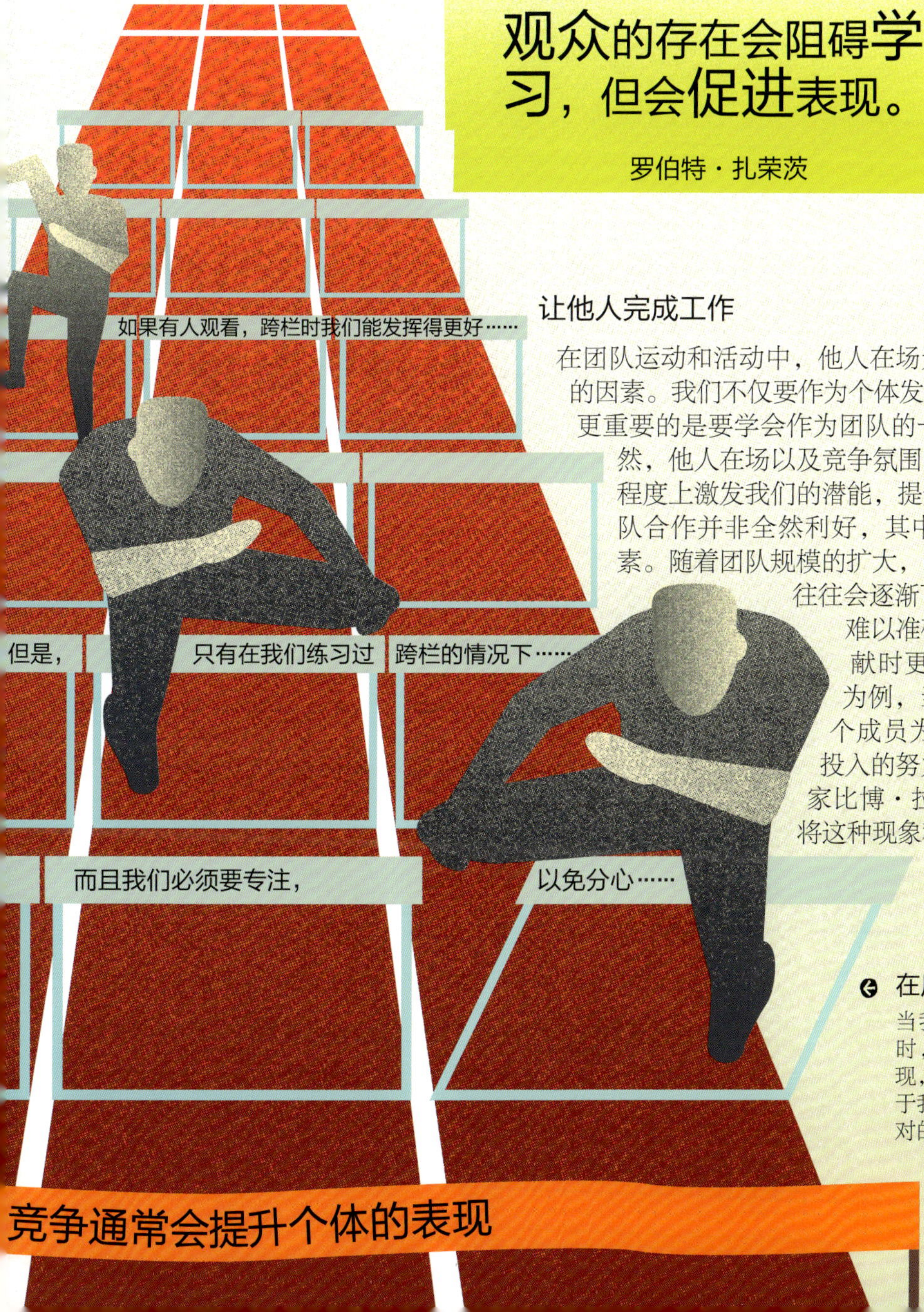

如果有人观看，跨栏时我们能发挥得更好……

但是，　　　只有在我们练习过　跨栏的情况下……

而且我们必须要专注，　　　以免分心……

让他人完成工作

在团队运动和活动中，他人在场无疑是一个至关重要的因素。我们不仅要作为个体发挥出自己的最佳水平，更重要的是要学会作为团队的一员进行紧密协作。诚然，他人在场以及竞争氛围的存在确实可能在某种程度上激发我们的潜能，提升整体表现。然而，团队合作并非全然利好，其中也潜藏着一些不利因素。随着团队规模的扩大，团队中的个体成员表现往往会逐渐下滑。这种现象尤其在难以准确衡量每个成员具体贡献时更为明显。以拔河比赛为例，当团队人数增多时，每个成员为实现团队整体胜利所投入的努力反而会减少。心理学家比博·拉塔内（Bibb Latané）将这种现象称为"社会懈怠"。

◉ 在压力之下

当我们身处他人的注视之下时，往往会激发出更好的表现，但这种正面效应通常仅限于我们擅长的事情上。如果面对的是我们不熟悉的领域，那么观众的存在反而可能成为心理负担，让我们感到不适，甚至可能对我们的表现产生负面影响。

竞争通常会提升个体的表现

你和我想

男性和女性之间生理上的差异显而易见，但性别之间的心理差异是否同样显著，则尚不明朗。如果心理差异确实存在，那么这些差异究竟是由于男性和女性在社会中所受待遇的不同所导致，还是因为他们的大脑工作方式本质上就不同呢？

男孩和女孩的

性别角色符合度

20世纪50年代和60年代，女权主义的兴起，引发了人们对性别间心理差异的浓厚兴趣。法国哲学家西蒙娜·德·波伏娃（Simone de Beauvoir）认为：尽管我们的生理性别是生来注定的，但社会对于男性气质和女性气质的界定才是塑造我们性别角色的关键因素。由于多数社会结构由男性主导，女性气质往往被刻板地解读为顺从与感性的象征。这一观点得到了众多女权主义者的共鸣，她们进一步区分了生理性别（即生物学上的性别特征）与社会性别（即社会所赋予的性别角色和期望）。发展心理学家

参见：第26～27页、第84～85页、第104～105页

控制攻击性行为的脑区在女性中比在男性中更大。

阿尔伯特·班杜拉（Albert Bandura）的研究为这一观点提供了有力佐证。他认为，男孩与女孩之所以在行为上存在差异，并非仅仅因为他们的生理构造不同，更重要的是他们受到了不同的社会对待。在成长过程中，他们从周围环境中学习并内化了性别刻板印象。随着年岁的增长，这些社会态度逐渐根深蒂固，以至于当个体的行为与既定的性别刻板印象相悖时，往往会遭受社会的负面评价。心理学家爱丽丝·伊格利（Alice Eagly）的研究则进一步揭示了性别角色符合度对个体评价的潜在影响。她发现，那些具备卓越能力的女性，如果以传统上被视为男性特质的方式展现自己的能力，往往会面临负面评价。以玛格丽特·撒切尔为例，这位英国前首相在20世纪80年代以其强硬果断的领导风格著称，因此被媒体和公众冠以"铁娘子"的称号。这一称谓既是对她政治手腕的肯定，也隐含了对她不符合传统女性形象的批评。

每一个已知的人类社会都有关于性别的规则。

埃莉诺·麦科比

的一样吗?

在智力层面的差异

但这些性别刻板印象是否有其潜在原因呢?是否存在真正的心理性别差异?埃莉诺·麦科比(Eleanor E. Maccoby)认为,不存在根本性的心理性别差异,并证明几乎所有关于性别的传统观念实际上都是谬

思维方式一样吗?

见。她指出,男孩与女孩在智力能力上并无明显不同。然而,有一个现象难以解释:女孩在校成绩普遍优于男孩,这与男性擅长成就追求和智力任务的刻板印象相悖。麦科比认为,关键差异不在于能力,而在于女孩,特别是青春期的女孩,相较于男孩展现出更高的自律性,学习投入更多。

男性大脑和女性大脑

然而,一些心理学家认为,男性和女性在思维和行为方式上确实存在一些本质差异,而这些差异并非完全由社会学习所决定。进化心理学家提出,这些差异可能源于天生的生物特性,例如女性可能更自然地倾向于关心家庭,而男性则更倾向于承担保护和供养家庭的责任。最近,西蒙·巴伦-科恩(Simon Baron-Cohen)提出了一个理论,认为存在"男性大脑"和"女性大脑"的区别(尽管大脑类型并不一定与个体的生理性别完全对应)。他认为,女性大脑通常更具同理心,能够敏锐地捕捉并回应他人的想法和感受;而男性大脑则更具系统性,擅长分析和处理机械、抽象的系统及规则。研究表明,女性在同理心量表上的得分通常更高,而男性在系统性量表上的得分则更突出。尽管巴伦-科恩的研究似乎

为某些性别刻板印象提供了一定的科学依据,但两性之间的差异绝非绝对:许多男性拥有高度同理心,而许多女性则表现出极强的系统性思维。此外,相当数量的人认为自己兼具与异性相关的特征,甚至有些人感到自己的心理性别与生理性别不符。传统上,我们倾向于将男女之间的差异视为非黑即白的对立,但事实上,这更像是一个充满多样性的灰色地带。

BABY X 实验

在20世纪70年代的一系列研究中,研究人员向成年人展示了一个婴儿,称为"Baby X"。参与者被分为三组:一组被告知这个婴儿是男孩,一组被告知是女孩,还有一组则未被告知婴儿的性别。研究通过观察参与者如何与婴儿互动,以及他们如何解读婴儿对玩具(如娃娃或汽车)的反应,揭示了他们的态度和行为如何受到他们对婴儿性别认知的影响。

人们为什么会坠入爱河?

对他人的需求是人类的基本需求之一。我们不仅渴望朋友的陪伴,还向往亲密关系中那种深厚的情感和亲密无间的联系。心理学家们一直在探索我们如何选择伴侣、为何会被特定的人吸引,以及爱情的本质究竟是什么。

> 男性和女性都天生更容易被面容对称的人所吸引。

参见:第14~15页、第94~95页

不同类型的爱

我们与他人的关系使我们的生活变得有意义,而友谊在其中扮演着重要角色。我们也会建立比友谊更为坚定的关系。虽然我们可能同时拥有多位朋友,但通常只有一个伴侣。这种排他的一对一关系通常与爱情而非友谊相关。一些心理学家认为,这种爱具有进化意义,帮助我们选择生育后代的伴侣,并促使夫妻共同抚养子女。包括约翰·鲍比(John Bowlby)在内的其他学者则将爱描述为一种依恋形式,类似于孩子对父母的依恋,既包含照顾的成分,也包含性吸引力。然而,爱的形式多种多样,从热烈的浪漫爱情到满足的伴侣之情。同样,坚定的关系也有多种类型:在西方社会,个人可以自由选择伴侣,但在一些文化中,婚姻是由父母安排的。在其他社会中,一夫多妻制(包括两个以上伴侣的婚姻)被视为常态,而全球范围内也有相当一部分关系是同性关系。

爱和吸引

罗伯特·斯滕伯格(Robert Sternberg)研究了不同类型的爱,并确定了恋爱关系中的三个基本要素:亲密、激情和承诺。他指出,浪漫之爱包含亲密和激情,但缺乏承诺;而伴侣之爱则激情较少,是亲密与承诺的结合。当激情和承诺存在但缺乏亲密时,他称之为"愚蠢的爱"。所有爱情关系都始于相互吸引。那么,是什么让人具有吸引力呢?进化心理学家将吸引力解释为选择最适合生育健康后代伴侣的一种方式——我

共同老去

在罗伯特·扎荣茨(Robert Zajonc)的一项研究中,参与者被展示了夫妻在结婚第一年时的照片,以及同一对夫妻25年后的照片。他们注意到,这些夫妻随着年龄的增长,面容变得越来越相似。这可能是因为人们在选择伴侣时倾向于选择与自己外貌相似的人,也可能是因为他们在长期相处中相互模仿对方的面部表情。

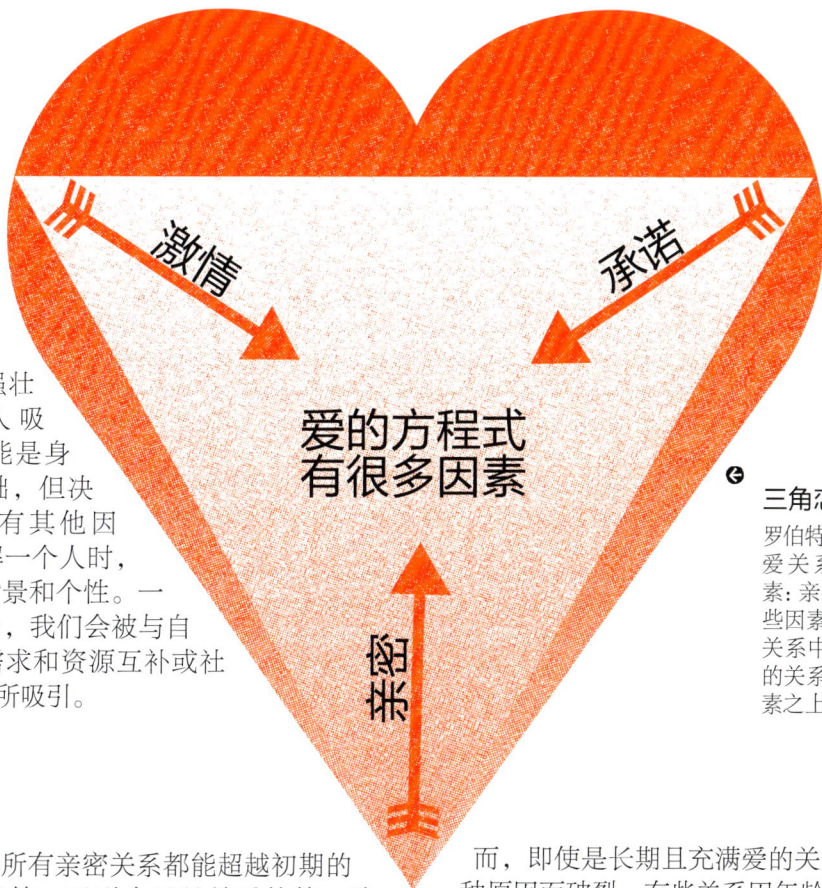

激情

承诺

爱的方程式有很多因素

亲密

三角恋爱观

罗伯特·斯滕伯格认为，恋爱关系涉及三个核心因素：亲密、激情和承诺。这些因素的不同组合决定了关系中爱的类型。最牢固的关系是建立在这三个要素之上的。

门会被健康、强壮和有活力的人吸引。虽然这可能是身体吸引力的基础，但决定吸引力的还有其他因素。当我们了解一个人时，会关心其社会背景和个性。一些心理学家认为，我们会被与自己观点相似、需求和资源互补或社会地位相当的人所吸引。

维持关系

不幸的是，并非所有亲密关系都能超越初期的吸引力而长久维持。吸引力只是关系的第一阶段，随后可能会经历坠入爱河、相互承诺，并最终共同安定下来。斯滕伯格认为，要使关系持久，其必须依赖于亲密、激情和承诺这三个要素中的不止一个，而理想情况下应该是这三个要素的结合。然而，即使是长期且充满爱的关系，也可能因各种原因而破裂。有些关系因年龄或社会经济背景的差异而不稳定，但更多时候，情侣只是渐行渐远。即使在最充满爱的关系中，冲突也难以避免，而冲突的解决方式往往决定了关系能否存续。

依恋是人类关系中从摇篮到坟墓的特征。

约翰·鲍比

爱的程度取决于亲密、激情和承诺的强度。

罗伯特·斯滕伯格

旁观者效应

有趣的是，当看到某人陷入困境时，旁观者越多，他们伸出援手的可能性反而越小。这种现象被称为"旁观者效应"，因为每个人都认为会有其他人提供帮助。如果你遇到麻烦，最好的办法是指向某一个人并直接说："请帮帮我。"

在网络上，人们往往会对彼此表现出极其残忍的一面。这种现象似乎与匿名性密切相关，匿名让人们觉得自己的行为不会带来任何后果。心理学家认为，社交媒体平台需要公开曝光这些施暴者，以表明网络欺凌是不可接受的行为。

网络霸凌

社会心理学
在实际生活中的应用

心理学家发现，仅仅因为与人近距离接触，就足以让你喜欢上他们。例如，住在同一层楼的学生之间成为朋友的可能性，远远大于住在不同楼层的学生，即使他们的房间是随机分配的。

熟悉的朋友

我们中的一员

我们更容易受到自己喜欢的人的影响——这就是为什么销售人员常常会奉承他们的客户。此外，我们也倾向于信任和相信那些看起来与我们相似的人。政治家们为了吸引选民，经常会模仿选民的语言风格，并以随意的着装方式拉近距离。

部分心理学家认为，人类的从众行为植根于进化本能。通过追随时尚潮流，如穿着流行服饰或喜爱热门乐队，我们更易于融入社会群体，从而增加被社会接纳的可能性。反之，若我们特立独行，可能会面临寻找伴侣的困境。因此，适度的从众行为在一定程度上能够提升我们的吸引力。

找到伴侣

怯场

即便是顶尖的乐队，在登台表演前也需投入大量时间进行排练。观众的存在无疑会对表演者的表现产生影响。当任务相对简单或表演者具备丰富经验时，其表现往往更佳；反之，面对具有挑战性的任务且缺乏专业经验时，表现则可能不尽如人意。

社会心理学家专注于探究人际互动、群体形成以及人际影响力的奥秘。他们的研究成果不仅深化了我们对朋友和亲人之间关系的理解，还为个人及组织（诸如政治家和广告商）提供了影响人类行为的有效策略。

广告技巧

你是否留意到，那些无趣的电视广告往往采用荒诞夸张的手法？广告商已经意识到，幽默相较于理性论证，在说服消费者方面可能更具效力。产品越无聊，听理性论证的人就越少。

若想赢得他人的好感，温暖的握手至关重要。研究表明，通过调整手的温度，可以有效影响他人对我们的印象。温暖的手掌会给人留下热情的良好印象。

温暖的触碰

心理学家名录

玛丽·艾斯沃斯（Mary Ainsworth，1913—1999）
详见第30~31页

高尔顿·奥尔波特（Gordon Allport，1897—1967）
详见第88~89页

艾略特·阿伦森（Elliot Aronson，1932—）
艾略特·阿伦森在美国马萨诸塞州的一个贫困家庭中长大。他最初在大学学习经济学，但一次偶然的机会，他旁听了一节亚伯拉罕·马斯洛的讲座，深受启发，随后转投心理学领域。阿伦森因对偏见和极端行为的研究而声名鹊起，他是唯一一位同时荣获美国心理学会的写作、教学和研究三项大奖的学者。

阿尔伯特·班杜拉（Albert Bandura，1925—）
阿尔伯特·班杜拉出生于加拿大艾伯塔省的一个小镇，父母均为波兰移民。他在爱荷华大学取得博士学位后，前往斯坦福大学任教。1974年，班杜拉担任了美国心理学会的主席。他最为人所知的贡献是波波玩偶实验和社会学习理论，这些理论在心理学界产生了深远影响。

阿伦·贝克（Aaron Beck，1921—）
阿伦·贝克出生于罗德岛，父母为俄罗斯移民。八岁时的一场重病让他立志学医，但贝克最终选择了心理学作为自己的职业道路。他先后在布朗大学和耶鲁医学院深造，获得精神病学资格后，在宾夕法尼亚大学从事研究工作。1994年，贝克与女儿朱迪斯·贝克共同创立了贝克认知行为疗法研究所。贝克被誉为认知疗法的创始人，他的开创性方法被广泛应用于抑郁症的治疗中。

科林·布莱克莫尔（Colin Blakemore，1944—）
科林·布莱克莫尔是英国著名的神经科学家，曾执教于牛津大学和伦敦大学，并担任过英国医学研究理事会的首席执行官。他的研究领域聚焦于视觉和大脑发育，以神经可塑性概念的研究而著称。同时，布莱克莫尔也是动物实验在医学研究中应用的支持者。

戈登·鲍尔（Gordon H. Bower，1932—）
戈登·鲍尔是美国认知心理学领域的杰出学者，特别是在人类记忆研究方面有着重要贡献。他在美国俄亥俄州长大，高中时期就接触到了西格蒙德·弗洛伊德的作品。后来，鲍尔在克利夫兰的凯斯西储大学获得心理学学位，并在耶鲁大学取得博士学位。他在斯坦福大学任教期间，取得了诸多学术成就，并于2005年荣获国家科学奖章。

约翰·鲍比（John Bowlby，1907—1990）
约翰·鲍比出生于英国伦敦的一个中上阶层家庭，由保姆抚养长大，并在七岁时被送往寄宿学校。这些特殊的成长经历对他日后的工作产生了深远的影响。鲍比在剑桥大学三一学院学习心理学，并获得精神分析学资格。他担任伦敦塔维斯托克诊所的主任多年，以其在依恋理论方面的开创性研究而著称。

唐纳德·布罗德本特（Donald Broadbent，1926—1993）
详见第70~71页

杰罗姆·布鲁纳（Jerome Bruner，1915—）
杰罗姆·布鲁纳是美国认知心理学运动的先驱之一，出生于美国纽约市的一个波兰移民家庭。他在北卡罗来纳州的杜克大学接受教育，并在哈佛大学获得博士学位。第二次世界大战期间，布鲁纳曾在美国陆军服役。1960年，他与乔治·阿米蒂奇·米勒共同创立了认知研究中心，并于1965年担任了美国心理学会的主席。

诺姆·乔姆斯基（Noam Chomsky，1928—）
诺姆·乔姆斯基是现代语言学的奠基人之一，同时也是一位著名的哲学家和社会活动家。他著有100多本书籍，涵盖了语言学、哲学和社会科学等多个领域。乔姆斯基在宾夕法尼亚大学获得学士、硕士和博士学位，后来在麻省理工学院任教。他的工作获得了众多奖项，并被世界各地的大学授予荣誉学位。

米哈里·契克森米哈伊（Mihály Csíkszentmihályi，1934—）
匈牙利心理学家米哈里·契克森米哈伊出生于意大利菲乌姆（现克罗地亚里耶卡）。青少年时期，他在听了卡尔·荣格的一次演讲后，对心理学产生了浓厚的兴趣。他移居美国后，在芝加哥大学学习心理学，并后来成为该校心理学系的主任。现在，契克森米哈伊在加州大学任教，以研究幸福和"心流"理论而著称。

赫尔曼·艾宾浩斯（Hermann Ebbinghaus，1850—1909）
赫尔曼·艾宾浩斯出生于德国巴门的一个富商家庭。他在波恩大学接受教育，后来成为柏林大学的教授，并在那里建立了两个心理学实验室。艾宾浩斯因系统研究学习和记忆而成为心理学领域的先驱之一，他的研究方法是通过在自己身上进行实验来实现的。直到59岁因肺炎去世前，他一直在从事教学和研究工作。

保罗·艾克曼（Paul Ekman，1934—）
美国心理学家保罗·艾克曼自15岁起便在芝加哥大学求学，在那里他对西格蒙德·弗洛伊德和心理治疗产生了浓厚的兴趣。他在长岛的艾德菲大学获得临床心理学博士学位后，在加州大学从事非言语沟通研究多年。艾克曼是情绪及其与面部表情关系研究的先驱之一，他获得了众多奖项。

阿尔伯特·埃利斯（Albert Ellis，1913—2007）

阿尔伯特·埃利斯出生于宾夕法尼亚州的一个犹太家庭。由于母亲患有双相情感障碍，他的童年生活颇为艰难。在哥伦比亚大学学习临床心理学之前，他曾从事写作工作。在哥伦比亚大学，他受到了西格蒙德·弗洛伊德的影响，但后来脱离了精神分析学派，引领了向认知行为疗法的转变。他笔耕不辍，直至93岁去世前仍在发表文章和著作。

埃里克·埃里克森（Erik Erikson，1902—1994）

埃里克·埃里克森因自身身份问题的困扰，创造了"身份危机"这一概念。他出生于德国法兰克福，从未见过自己的亲生父亲，由母亲和继父抚养长大。他起初是一名美术教师，后来在安娜·弗洛伊德（西格蒙德·弗洛伊德之女）的指导下接受培训，成为了一名精神分析学家。他的著作荣获了普利策奖和国家图书奖等诸多殊荣，尽管没有学士学位，但他依然在哈佛大学、耶鲁大学和加州大学伯克利分校等名校担任教授。

汉斯·艾森克（Hans Eysenck，1916—1997）

汉斯·艾森克出生于德国柏林，幼时父母离异，由外祖母抚养长大。他移居英国求学，在伦敦大学学院获得博士学位，并在此创立了精神病学研究所，担任所长多年。艾森克对精神分析疗法持强烈批评态度，更倾向于行为疗法，他因在智力和人格方面的研究而广为人知。

利昂·费斯廷格（Leon Festinger，1919—1989）

利昂·费斯廷格出生于纽约，父母为俄罗斯移民。他毕业于纽约市立学院，后来在爱荷华大学师从库尔特·勒温攻读博士学位。他因提出认知失调理论而闻名，这一理论是在他潜入一个邪教组织进行深入研究后提出的。此外，他还极大地推动了实验室实验在社会心理学领域的应用。

西格蒙德·弗洛伊德（Sigmund Freud，1919—1989）

洋见第102~103页

尼科·弗里达（Nico Frijda，1927—）

尼科·弗里达出生于阿姆斯特丹的一个犹太家庭。童年时期，他为躲避纳粹对犹太人的迫害而隐居。弗里达凭借论文《面部表情》获得阿姆斯特丹市立大学博士学位。他一生致力于研究人类情绪，并表示自己是在爱上一个"表情丰富的女孩"后，受到启发而开始研究这一主题。

詹姆斯·吉布森（J. J. Gibson，1904—1979）

詹姆斯·吉布森（James Jerome Gibson）出生于俄亥俄州。他获得普林斯顿大学博士学位后，在马萨诸塞州的史密斯学院任教多年。第二次世界大战期间，吉布森服役于美国空军，担任航空心理学研究部门的负责人。战后他回到史密斯学院继续研究视觉感知领域，被认为是20世纪该领域最重要的心理学家之一。

唐纳德·赫布（Donald Hebb，1904—1985）

唐纳德·赫布出生于加拿大新斯科舍省。在担任教师期间，他接触到了西格蒙德·弗洛伊德、威廉·詹姆斯和约翰·华生的作品，这激发了他对心理学的浓厚兴趣，并成为麦吉尔大学的一名兼职心理学学生。他在芝加哥大学和哈佛大学师从卡尔·拉什利并获得博士学位。赫布是生物心理学的先驱之一，以研究神经元功能与学习的关系而闻名。1960年，他担任了美国心理学会主席。

威廉·詹姆斯（William James，1842—1910）

威廉·詹姆斯出生于纽约一个富有且有影响力的家庭，起初从事绘画事业，后来对科学产生了浓厚兴趣。他在哈佛大学获得医学学位后，几乎整个职业生涯都在该校任教，并开设了美国第一门心理学课程，创建了心理学实验室。他因在确立心理学作为一门真正科学学科方面的贡献而被铭记于世。

卡尔·荣格（Carl Jung，1875—1961）

卡尔·荣格出生于瑞士的一个小村庄，后在巴塞尔大学学习医学。他曾与西格蒙德·弗洛伊德合作多年，但后因理论分歧而分道扬镳。荣格广泛游历非洲、美国和印度等地，深入研究当地人民的文化和心理。他提出并发展了外向型和内向型人格类型以及集体无意识等概念，对心理学领域产生了深远影响。

丹尼尔·卡尼曼（Daniel Kahneman，1934—）

丹尼尔·卡尼曼出生于立陶宛犹太家庭，在法国长大。在攻读科学学位期间，他接触到了库尔特·勒温的作品，这激发了他对心理学的兴趣，并促使他在加州大学获得了心理学博士学位。他因研究人类判断和决策的心理学而著称于世，获得了包括2002年诺贝尔经济学奖和2013年总统自由勋章在内的多项奖项。

丹尼尔·卡茨（Daniel Katz，1903—1998）

丹尼尔·卡茨是一位杰出的社会心理学家，以研究种族刻板印象、偏见和态度改变而闻名。他1903年出生于新泽西州，在布法罗大学获得硕士学位，在雪城大学获得博士学位。他曾任密歇根大学心理学教授，获得了包括勒温奖和美国心理学会金奖在内的多项奖项，为心理学领域做出了卓越贡献。

劳伦斯·科尔伯格（Lawrence Kohlberg，1927—1987）

劳伦斯·科尔伯格出生于纽约州布朗克斯维尔。高中毕业后，他成为一名水手，积累了丰富的社会经验。后来，他进入芝加哥大学深造，仅用一年时间就获得了学士学位。他扩展了让·皮亚杰的理论，形成了一套独特的解释道德推理发展的理论框架。在获得博士学位后，他在耶鲁大学和哈佛大学等名校任教，为道德心理学领域的发展做出了重要贡献。

沃尔夫冈·苛勒（Wolfgang Kohler，1887—1967）

沃尔夫冈·苛勒是格式塔心理学发展的关键性人物。他在德国的多所大学接受教育，并最终在柏林获得了博士学位。在1935年之前，他一直担任柏林心理研究所的所长。由于公开批判希特勒的纳粹政府，他被迫离开德国，移民至美国。在美国，苛勒在多所大学教授心理学，并于1959年荣任美国心理学会主席一职。

库尔特·勒温（Kurt Lewin，1890—1947）

库尔特·勒温出生于普鲁士（今波兰）的一个中产阶级犹太家庭，并在德国柏林成长。在第一次世界大战期间，他为德国军队服务并受伤，之后返回柏林完成了博士学位，其间深受格式塔心理学的影响。作为现代社会心理学的奠基者，勒温在群体动力学领域的研究尤为卓著。他在美国的多所大学执教，于57岁时因心脏病去世。

伊丽莎白·洛夫特斯（Elizabeth Loftus，1944—）

详见第62~63页

埃莉诺·麦科比（Eleanor E. Maccoby，1917—）

发展心理学家埃莉诺·麦科比以其在性别差异心理学领域的研究而著称。她来自华盛顿州的塔科马市，在密歇根大学取得了博士学位。她曾在哈佛大学执教，后来转至斯坦福大学，并成为该校心理学系的首位女性系主任。为了表彰她的杰出贡献，美国心理学会每年都会颁发以她名字命名的奖项。

亚伯拉罕·马斯洛（Abraham Maslow，1908—1970）

亚伯拉罕·马斯洛的父母是从俄罗斯移民到美国的犹太人。尽管父母希望他学习法律，但马斯洛后来转而攻读心理学，并在威斯康星大学获得了博士学位，当时的博士导师是行为主义者哈里·哈洛。马斯洛的研究主要聚焦于人类需求和实现个人潜能的能力。1968年，他当选为美国心理学会的主席。

罗洛·梅（Rollo May，1909—1994）

罗洛·梅出生于俄亥俄州，童年时期历经坎坷，父母离异，姐姐被诊断为精神分裂症。在获得英语学位后，他曾在希腊担任教师，并短暂地在美国担任过牧师。然而，他最终选择了心理学事业，并获得了哥伦比亚大学颁发的第一个临床心理学博士学位。他以研究焦虑和抑郁等心理问题而著称。

斯坦利·米尔格拉姆（Stanley Milgram，1933-1984）

详见第134~135页

乔治·阿米蒂奇·米勒（George Armitage Miller1920—2012）

乔治·阿米蒂奇·米勒是认知心理学的奠基人之一，以其在人类记忆领域的研究而闻名。他出生于南卡罗来纳州，最初学习言语病理学，后来在哈佛大学获得了心理学博士学位。他曾在哈佛大学、麻省理工学院和洛克菲勒大学工作，最终在普林斯顿大学定居。1969年，他担任美国心理科学协会的主席，1991年荣获国家科学奖章。

弗里茨·波尔斯（Fritz Perls，1893—1970）

弗里茨·波尔斯（全名弗里德里克·波尔斯）出生于德国柏林。在第一次世界大战期间，他为德国军队服务，战后开始学习医学和精神病学。他先移居南非，与同为心理学家的妻子劳拉·波斯纳一起创办了一所精神分析培训机构。后来他们移居美国，建立了纽约格式塔治疗研究所，后又迁往加利福尼亚州继续发展。

让·皮亚杰（Jean Piaget，1896—1980）

让·皮亚杰出生于瑞士，自幼就对自然界充满浓厚兴趣，年仅11岁就发表了第一篇科学论文。在获得动物学博士学位后，他开始讲授心理学和哲学，并发表了多篇相关论文。皮亚杰以其在儿童认知发展领域的研究而著称，1972年荣获伊拉斯谟奖，1978年又获得了巴尔赞奖，同时还荣获了世界各地的荣誉学位。

劳拉·波斯纳（Laura Posner,1905—1990）

见上文弗里茨·波尔斯

维拉亚努尔·拉马钱德兰（Vilayanur Ramachandran，1951—）

详见第44~45页

圣地亚哥·拉蒙—卡哈尔（Santiago Ramon Cajal, 1852—1934）

详见第48~49页

卡尔·罗杰斯（Carl Rogers，1902—1987）

卡尔·罗杰斯出生于伊利诺伊州的一个严格的新教家庭。他的理论基于人们有能力实现自身潜能并获得心理健康的信念。他曾在俄亥俄大学、芝加哥大学和威斯康星大学执教，并于1947年当选为美国心理学会的主席。罗杰斯晚年致力于在社会冲突地区（如北爱尔兰和南非）应用他的理论，为此他在1987年被提名诺贝尔和平奖。

多萝西·罗（Dorothy Rowe，1930—）

多萝西·罗是一位临床心理学家和作家，对抑郁症有着浓厚的兴趣。她出生于澳大利亚新南威尔士州，在悉尼大学学习心理学。后来她移居英国完成博士学位，并创建了林肯郡的临床心理学系。现在她定居于伦敦，经常为报纸和杂志撰稿，并著有16本书籍。

丹尼尔·沙克特（Daniel L. Schacter，1952—）

丹尼尔·沙克特以其在人类记忆领域的研究而闻名。他出生于纽约，在多伦多大学攻读博士学位期间，由恩德尔·图尔文指导完成了博士论文。1981年，两人一起在多伦多建立了记忆障碍研究单位。十年后，沙克特成为哈佛大学心理学教授，并创建了沙克特记忆实验室，继续推动人类记忆研究的发展。

马丁·塞利格曼（Martin Seligman，1942年—）

马丁·塞利格曼被誉为积极心理学的奠基人之一。他在纽约出生，后在普林斯顿大学研习哲学，最终在宾夕法尼亚大学获得心理学博士学位。伦·贝克的著作激发了他对抑郁症的深入研究，并点燃了他对追寻幸福的浓厚兴趣。他曾担任宾夕法尼亚积极心理学中心主管，于1998年当选为美国心理学会主席。

斯金纳（B. F. Skinner，1904—1990）

伯尔赫斯·弗雷德里克·斯金纳，行为主义先驱，出生于宾夕法尼亚州。最初在纽约汉密尔顿学院专修英文，打算成为一名作家。然而，受伊万·巴甫洛夫和约翰·华生的学术影响，他转而投身心理学，于哈佛大学获得博士学位。在他生命即将落幕的前夕，美国心理学会授予了他终身成就奖。

托马斯·萨斯（Thomas Szasz，1920—2012）

托马斯·萨斯，精神病学领域的道德和科学基础的杰出评论家，著有《精神疾病神话》一书。他出生于匈牙利布达佩斯，1938年远渡重洋来到美国，在辛辛那提大学攻读医学。此后，他在纽约州立大学执教，并收获了超过50项的荣誉奖项。

爱德华·桑代克（Edward Thorndike，1874—1949）

爱德华·桑代克，生于美国马萨诸塞州，以其在动物行为和学习过程领域的研究而闻名于世。他师从哈佛大学威廉·詹姆斯，后在哥伦比亚大学完成博士论文，几乎将整个职业生涯都奉献给了这片学术热土。他为现代教育心理学奠定了坚实的科学基石，并于1912年担任美国心理学会主席。

爱德华·托尔曼（Edward Tolman，1886—1959）

爱德华·托尔曼，行为主义领域的杰出代表，以其在迷宫实验中利用老鼠进行的研究而著称。他在美国麻省理工学院学习电气化，后来他接触到詹姆斯的《心理学原理》一书，被心理学所吸引，并在哈佛大学获得心理学博士学位。他大部分时间在加利福尼亚大学伯克利分校执教，为学习和动机研究领域做出了重大贡献。1937年，他当选为美国心理学会主席。

恩德尔·图尔文（Endel Tulving，1927年—）

恩德尔·图尔文，出生于爱沙尼亚的一个法官世家，是实验心理学家和神经科学家的杰出代表。他在多伦多大学完成了学士和硕士学位的深造，随后在哈佛大学获得博士学位，并重返多伦多担任教授。他因对记忆组织理论的独到见解而广受赞誉，并于2005年荣获盖尔德纳基金会国际奖——加拿大生物学和医学领域的至高荣誉。

列夫·维果茨基（Lev Vygotsky，1896—1934）

列夫·维果茨基，出生于俄国帝国奥尔沙镇（今白俄罗斯），他在莫斯科国立大学研习法律期间，深受格式塔心理学的影响。作为发展心理学的杰出代表，他最为人所知的是关于儿童通过社会环境进行学习的理论。尽管他在世时并未得到应有的认可，但他的研究成果已成为认知发展领域众多研究和理论的重要基石。

约翰·布罗德斯·华生（Lev Vygotsky，1878—1958）

约翰·布罗德斯·华生，行为主义学派的奠基人，出生于南卡罗来纳州的一个贫寒家庭。尽管他青少年时期叛逆不羁，但21岁时便获得了硕士学位。在芝加哥大学斩获博士学位后，他成为了约翰斯·霍普金斯大学心理学系教授。他因对动物行为和儿童教养方面的深入研究而著称，同时也因小阿尔伯特实验而备受争议。1915年，他当选美国心理学会主席。

马克斯·韦特海默（Max Wertheimer，1880—1943）

马克斯·韦特海默，格式塔心理学的创始人之一，出生于布拉格的一个书香门第。他是一位才华横溢的小提琴家和作曲家，似乎注定要在音乐领域绽放光芒。然而，他却选择了法律、哲学和心理学的学术道路。他在德国柏林和法兰克福的大学执教期间，取得了丰硕的学术成果。于1933年，移居纽约市。韦特海默最为人所知的是他在处理视觉信息时大脑如何寻找模式的研究。

罗伯特·扎荣茨（Robert Zajonc，1923—2008）

罗伯特·扎荣茨，波兰社会心理学的杰出代表，以他对判断和决策制定的深入研究而著称。16岁时纳粹分子侵占波兰，他的家人从罗兹流亡到华沙。然而，他的父母在一次空袭中不幸丧生，他自己也被送往德国劳役营。幸运的是，他后来成功逃脱。他在密歇根大学完成了学士、硕士和博士学位的深造，并在这里执教近四十年。

布鲁玛·蔡加尼克（Bluma Zeigarnik，1901—1988）

布鲁玛·蔡加尼克，出生于当时属于俄国帝国的立陶宛，是俄罗斯首批踏入大学殿堂的女性之一。她在柏林大学深造期间，深受格式塔心理学家沃尔夫冈·苛勒、马克斯·韦特海默和库尔特·勒温的学术熏陶。1983年，她荣获勒温纪念奖，并以她对人们倾向于记住未完成任务的独到研究而著称。

菲利普·津巴多（Philip Zimbardo，1933年—）

菲利普·津巴多，出生于美国纽约，父母是西西里岛移民。他获得了布鲁克林学院的心理学、社会学和人类学的学士学位，后在耶鲁大学心理学专业获得博士学位。毕业后，他在多所大学任教，随后转往斯坦福大学任教，并进行了著名的斯坦福监狱实验。他出版了《心理学与生活》等多部著作，获得过希尔加德普通心理学终身成就奖等诸多奖项，并于2002年当选为美国心理学会会长。

词汇表

本我（ID）
在精神分析中，指心理中与本能驱动力和生理需求相关的无意识部分。

操作性条件反射
一种学习类型，通过奖励或惩罚来强化某种自愿反应。

超我
在精神分析中，指我们内心的"良心"，即我们被告知的正确与错误。

程序性记忆
记录方法和操作步骤的记忆系统。

刺激
环境中触发特定反应的任何物体、事件、情境或因素。

从众
人们倾向于采纳群体成员或权威人物的行为、态度和价值观。

催眠
诱导一种暂时的、恍惚的意识状态，使个体更容易接受暗示。

大脑半球
大脑的两个半球之一。人类大脑分为左半球和右半球。

道德
关于对错的价值观和信念体系。

癫痫
一种以突发性癫痫发作为特征的疾病，与大脑异常电活动有关。

电休克疗法（ECT）
一种治疗精神障碍的方法，通过向大脑传递电流以诱发癫痫发作。

短期记忆
存储当前所需信息的记忆系统。如果信息未被转移到长期记忆中，将会丢失。

对照组
研究中未暴露于实验条件的一组参与者。

额叶
大脑的四个区域之一，位于每个半球的前部，与短期记忆相关。

反应
对物体、事件或情境的反应。

非快速眼动睡眠(NREM)
睡眠的一个阶段，此时肌肉放松，大脑活动、呼吸和心率减慢。

弗洛伊德式口误
一种与意图接近但不同的行为或言语，反映了无意识的想法。

感官
我们用来感知内外环境变化的官能。五种感官分别是听觉、嗅觉、视觉、味觉和触觉。

感知
人们通过感官组织、识别和解释信息以理解环境的方式。

格式塔疗法
一种心理治疗形式，关注个体的当前体验，并强调个人责任。

格式塔心理学
一种心理学研究方法，强调在感知等心理过程中"整体"高于其组成部分。

功能性磁共振成像（fMRI）
一种脑部扫描技术，用于测量大脑各区域的血流。

攻击性
导致他人受到伤害的行为。

集体无意识
在卡尔·荣格的理论中，指与其他人共享并代代相传的无意识部分。

计算机断层扫描（CT）
一种脑部扫描技术，利用X射线和计算机生成身体内部的详细图像。

假设
通过实验验证的预测或陈述。

价值观
一套原则、行为标准或人们认为生活中重要的事物。

经典条件反射

一种学习类型，指某种刺激引发非自愿或自动的反应。

晶体智力

通过教育和经验获得的知识和技能的运用能力。

精神病态

一种人格障碍，表现为明显缺乏同理心或悔意，以及反社会行为。

精神病学

致力于研究、诊断和治疗精神障碍的医学领域。

精神分裂症

一种严重的精神障碍，表现为对现实的扭曲认知，症状包括幻觉、行为异常和情感淡漠。

精神分析

由西格蒙德·弗洛伊德发展的理论和治疗方法，旨在通过解锁无意识思维来治疗精神障碍。

精神活性药物

通过改变大脑和神经系统中信号传递方式来影响意识的物质。

恐惧症

一种焦虑障碍，表现为对某物体或情境的强烈、非理性恐惧。

快速眼动睡眠(REM)

睡眠的一个阶段，此时我们会做梦，特征是眼球快速运动和肌肉麻痹。

利他主义

对他人福祉的无私关心。

联觉

一种病症，患者将字母、数字或星期几感知为不同的颜色，甚至赋予其个性。

裂脑

大脑两个半球通过手术分离的结果，最初用于治疗癫痫。

流体智力

通过推理解决问题的能力，独立于已获得的知识。

模仿学习

一种学习类型，个体通过观察他人的行为来决定如何行动。

脑电图（EEG）

一种脑部扫描技术，用于测量大脑中的电信号。

内群体

个体所属的群体。成员通常认为自己的群体比其他群体（外群体）更优越。

内省

对自身内心状态和思想的审视。

内向者

一种将能量导向自身的性格类型。内向者通常害羞且安静。

旁观者效应

一种现象，指在场的人越多，其中任何一人帮助处于困境中的人的可能性就越小。

偏见

基于性别、社会阶层、年龄、宗教、种族或其他个人特征的预先判断，通常带有负面倾向。

强化

在经典条件反射中，增加某种反应可能性的程序。

情景记忆

记录事件和经历的记忆存储。

情境依赖记忆

与记忆形成时的地点相关联的记忆，当人们重返该地点时可以被唤起。

情绪依赖记忆

与特定情绪相关的记忆，当人再次感受到该情绪时会被唤起。

驱动力

激发人们满足生理需求的动机。例如，饥饿的驱动力促使人们进食。

群体思维

一种在群体中发生的现象，当从众的欲望压倒独立的批判性思维时，常导致糟糕的决策。

人格

一个人独特的行为和思维倾向，由其特质或特征组合而成。

认知偏差

一种影响决策的非逻辑假设，常导致错误的判断。

认知失调

当一个人持有两种相互矛盾的信念时，产生的不安感。

认知心理学

一种心理学研究方法，专注于学习、记忆、感知和注意力等心理过程。

认知行为疗法
一种谈话疗法，鼓励患者通过改变思维和行为方式来解决问题。

闪光灯记忆
与情感事件相关的生动记忆。

社会惰化
一种现象，指人们在群体中工作时会故意偷懒，而单独工作时则不会。

社会规范
支配社会行为或态度的不成文规则。

社会学习
阿尔伯特·班杜拉提出的学习理论，基于个体通过观察和模仿他人行为来学习。

神经科学
研究大脑及其功能的生物学领域。

神经可塑性
大脑中的连接方式因个体行为或环境的变化而适应，或因脑损伤而改变的能力。

神经退行性疾病
损害神经系统的疾病。

神经系统
身体的控制中心，由大脑、脊髓和神经组成。

神经元
一种神经细胞，负责向身体各部分传递信号，并在大脑中形成网络。

神经症
一种无明显生理原因的精神障碍，如焦虑或抑郁。

态度
人们对想法、事件或他人做出的评价。

特质
一种特定的个人特征，在不同情境中持续存在并影响行为。

条件反应
在经典条件反射中，通过学习或与特定刺激相关联的反应。

突触传递
神经元之间传递信息的过程，其中一个神经元向邻近神经元发送信号。

外群体
个体不属于的群体，因此可能被负面看待。

外向者
一种将能量导向外部世界的性格类型。外向者通常外向健谈，并喜欢与他人相处。

无条件反应
在经典条件反射中，对特定刺激的自然或反射性反应。

无意识
根据西格蒙德·弗洛伊德的理论，指无法轻易接触的意识层面，存储着我们最深层的想法、欲望、记忆和情感。

先天
指某种特征从出生时就存在，而非通过经验获得。它可能是遗传的，也可能不是。

心理治疗
使用心理学手段而非医学手段的治疗方法。

心流
米哈里·契克森米哈赖提出的术语，指人们在完全专注于某项任务时进入的专注状态，通常伴随着满足感和幸福感。

心智
控制意识和思维的人体要素。

行为主义
一种心理学研究方法，专注于研究可观察的行为，而非内部过程（如思维或情感）。

虚假记忆
对未发生事件的恢复性记忆。

压抑
一种防御机制，将痛苦的想法、感受或记忆排除在意识之外。

一般智力
查尔斯·斯皮尔曼提出的概念，指支撑所有智能行为的基础能力。

依赖性
无法停止使用某种物质（如酒精）的状态。

依恋
儿童与成年照顾者之间形成的重要情感纽带，通常在儿童早期形成。

抑郁症
一种以绝望感和低自尊为特征的情绪障碍。

意识
人们对自己及其环境的觉察。

印刻
一种本能现象，指新生动物会与它认为是父母的任何个体或物体建立联系。

语义记忆
记录事实和知识的记忆系统。

长期记忆
存储信息较长时间的记忆系统。

智商(IQ)
一个人智力的数值表示，显示其智力水平与平均值（IQ为100）相比的高低。

注意力
将感知集中在环境中某一元素的过程。

自卑情结
当一个人感到自己不如他人时产生的心理状态，可能导致敌对或反社会行为。

自我
在精神分析中，指心理中理性和有意识的部分。

自我超越
人类为超越自我的更高目标而行动的需求。

自我实现
人类实现自身独特潜力的需求，根据亚伯拉罕·马斯洛的理论，这是人类最高层次的需求之一。

自由联想
心理治疗中使用的一种技术，患者在被给予某个词后说出脑海中浮现的第一件事，用于揭示其无意识思维。

索引

致谢

本书的创作同时也要感谢Jeongeun Yule Park、John Searcy和Jackie Brind对本书局部内容的帮助。

还要感谢如下人员允许本书使用他们的图片：

(Key: a–above; b–below/bottom; c–centre; f–far; l–left; r–right; t–top)

6 Dorling Kindersley: Whipple Museum of History of Science, Cambridge (cr). **Getty Images:** Pasieka / Science Photo Library (cl); Smith Collection / Stone (c). **7 Getty Images:** Rich Legg / E+ (cr). Pearson Asset Library: Pearson Education Ltd / Studio 8 (cla). **12 Corbis:** Matthieu Spohn / PhotoAlto. **15 Science Photo Library:** Science Source (br). **17 Pearson Asset Library:** Pearson Education Ltd / Tudor Photography (tr). **29 Pearson Asset Library:** Pearson Education Asia Ltd / Terry Leung (br/doll). **30-31 Dorling Kindersley:** Dr. Patricia Crittenden (portrait). **36-37 Getty Images:** Laurence Mouton / PhotoAlto. **39 PunchStock:** Image Source (br). **42 Bright Bytes Studio:** photograph of daguerreotype by Jack Wilgus (bc). **44-45 Dorling Kindersley:** Science Photo Library (portrait). **48-49 Dorling Kindersley:** Rex Features / Charles Sykes (portrait). **54 Corbis:** momentimages / Tetra Images. **62-63 Dorling Kindersley:** Courtesy of UC Irvine (portrait). **69 Corbis:** Martin Palombini / Moodboard (br/gorilla). **70 Dorling Kindersley:** Science Photo Library / Corbin O'Grady Studio (portrait). **72 Pearson Asset Library:** Pearson Education Asia Ltd / Coleman Yuen (bc). **75 Dreamstime.com:** Horiyan (br/table). **78 Corbis:** Peter Endig / DPA (bl). **82 Getty Images:** Robbert Koene / Gallo Images. **85 Getty Images:** Image Source (br). **87 Pearson Asset Library:** Pearson Education Asia Ltd / Coleman Yuen (br). **88-89 Dorling Kindersley:** Corbis / Bettmann (portrait). **93 Corbis:** John Woodworth / Loop Images (br). **97 Corbis:** John Springer Collection (br). **107 Pearson Asset Library:** Pearson Education Ltd / Jon Barlow (br). **111 Pearson Asset Library:** Pearson Education Ltd / Jörg Carstensen (br). **115 Pearson Asset Library:** Pearson Education Ltd / Lord and Leverett (br). **118-119 Corbis:** Stretch Photography / Blend Images. **121 Corbis:** Chat Roberts (tr). **125 Pearson Asset Library:** Pearson Education Ltd / Tudor Photography (br). **126-127 Dorling Kindersley:** Solomon Asch Center for Study of Ethnopolitical Conflict. **129 Corbis:** John Collier Jr. (br). **132 Dreamstime.com:** Horiyan (bc/table). **134-135 Dorling Kindersley:** Manuscripts and Archives, Yale University Library / Courtesy of Alexandra Milgram (portrait). **137 Corbis:** Geon-soo Park / Sung-Il Kim (br). **143 Corbis:** Adrian Samson (br). **144 Corbis:** Hannes Hepp (bc).

All other images © Dorling Kindersley
更多信息，请登录网站：www.dkimages.com。